Les Commissaires de la Caisse de la Dette Publique Égyptienne et le Droit International

Wilhelm Kaufmann, Henry Babled

The Making of Modern Law collection of legal archives constitutes a genuine revolution in historical legal research because it opens up a wealth of rare and previously inaccessible sources in legal, constitutional, administrative, political, cultural, intellectual, and social history. This unique collection consists of three extensive archives that provide insight into more than 300 years of American and British history. These collections include:

Legal Treatises, 1800-1926: over 20,000 legal treatises provide a comprehensive collection in legal history, business and economics, politics and government.

Trials, 1600-1926: nearly 10,000 titles reveal the drama of famous, infamous, and obscure courtroom cases in America and the British Empire across three centuries.

Primary Sources, 1620-1926: includes reports, statutes and regulations in American history, including early state codes, municipal ordinances, constitutional conventions and compilations, and law dictionaries.

These archives provide a unique research tool for tracking the development of our modern legal system and how it has affected our culture, government, business – nearly every aspect of our everyday life. For the first time, these high-quality digital scans of original works are available via print-on-demand, making them readily accessible to libraries, students, independent scholars, and readers of all ages.

The BiblioLife Network

This project was made possible in part by the BiblioLife Network (BLN), a project aimed at addressing some of the huge challenges facing book preservationists around the world. The BLN includes libraries, library networks, archives, subject matter experts, online communities and library service providers. We believe every book ever published should be available as a high-quality print reproduction; printed on-demand anywhere in the world. This insures the ongoing accessibility of the content and helps generate sustainable revenue for the libraries and organizations that work to preserve these important materials.

The following book is in the "public domain" and represents an authentic reproduction of the text as printed by the original publisher. While we have attempted to accurately maintain the integrity of the original work, there are sometimes problems with the original work or the micro-film from which the books were digitized. This can result in minor errors in reproduction. Possible imperfections include missing and blurred pages, poor pictures, markings and other reproduction issues beyond our control. Because this work is culturally important, we have made it available as part of our commitment to protecting, preserving, and promoting the world's literature.

GUIDE TO FOLD-OUTS MAPS and OVERSIZED IMAGES

The book you are reading was digitized from microfilm captured over the past thirty to forty years. Years after the creation of the original microfilm, the book was converted to digital files and made available in an online database.

In an online database, page images do not need to conform to the size restrictions found in a printed book. When converting these images back into a printed bound book, the page sizes are standardized in ways that maintain the detail of the original. For large images, such as fold-out maps, the original page image is split into two or more pages

Guidelines used to determine how to split the page image follows:

• Some images are split vertically; large images require vertical and horizontal splits.
• For horizontal splits, the content is split left to right.
• For vertical splits, the content is split from top to bottom.
• For both vertical and horizontal splits, the image is processed from top left to bottom right.

LES COMMISSAIRES

DE LA

CAISSE DE LA DETTE PUBLIQUE ÉGYPTIENNE

ET

LE DROIT INTERNATIONAL

PAR

W. KAUFMANN

PRIVAT-DOCENT A L'UNIVERSITÉ DE BERLIN

DOCTEUR EN DROIT

TRADUIT AVEC AUTORISATION DE L'AUTEUR

PAR

HENRY BABLED

PROFESSEUR A L'ÉCOLE FRANÇAISE DE DROIT

DOCTEUR EN DROIT

Le CAIRE

F. Diemer, Librairie Internationale

1896.

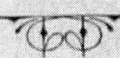

Avant-Propos

Mr Kaufmann s'est déjà fait connaître il y a quelques années par une étude de droit international sur la Caisse de la Dette Publique Egyptienne qui est un modèle d'analyse et d'investigation juridique.

L'étude nouvelle de l'éminent professeur, écrite à l'occasion du procès de la Caisse de la Dette, présente en ce moment un regain d'actualité. Elle était destinée à compléter, et même à rectifier sa devancière sur un point important, le mode de votation des Commissaires [p. 50, note 1].

Ainsi qu'il le déclare dès les premières lignes, Mr Kaufmann s'est fait une loi de demeurer dans le domaine du droit strict et de se tenir à l'écart des questions du procès.

Son étude ne pouvait qu'y gagner en indépendance et en autorité; et nous sommes heureux de constater que, sans autre inspiration commune que la recherche impartiale de la vérité juridique, sa thèse est arrivée à donner à celle du tribunal mixte du Caire une confirmation aussi complète qu'imprévue. En raison de l'actualité du sujet traité, en raison surtout de ces points de contact inattendus entre deux œuvres d'origine et d'inspiration si différentes, l'étude de Mr Kaufmann a obtenu en Allemagne et hors d'Allemagne un retentissement mérité. Signalée en France dès son apparition [1] elle a déjà fait au Caire même l'objet d'une analyse complète, dûe à l'un de nos jurisconsultes les plus autorisés. [2]

[1] Revue du Droit Public et de la Science Politique (1896 p. 471 et suiv.) Revue du Droit international Public (1896 p. 502, 537 et suiv.)

[2] Echo d'Orient 15 Juin 1896 - La Question des Crédits à Berlin.

La traduction présente s'est attachée à être littérale et non littéraire, et à suivre le plus fidèlement possible non seulement la pensée mais encore les expressions de l'auteur.

L'étude actuelle de Mʳ Kaufmann peut se résumer dans la formule suivante : *les Commissaires de la Dette ont pour devoir exclusif de sauvegarder avant toutes choses les droits et intérêts des créanciers de l'Egypte en tenant compte, mais seulement dans la mesure du possible des intérêts politiques généraux de l'Etat Egyptien.* Cette phrase revient chez l'auteur à propos de chaque déduction nouvelle comme une sorte de *leit-motiv*, destiné à rappeler le thème initial d'où toute l'œuvre dépend.

Il est à peine besoin de faire remarquer que cette formule peut également résumer toute le système adopté dans l'affaire des crédits par le Tribunal Mixte du Caire.

Il en résulte : que sur le caractère purement civil du mandat des Commissaires [p. 3 - 40, plus spécialement 17 - 23], sur la responsabilité légale qui en découle pour eux [p. 25 - 27 et 60], sur la destination spéciale du fonds de Réserve [p. 36 - 38], sur les dépenses extraordinaires à imputer sur lui [p. 36, note 1 et p. 38], en un mot sur tous les éléments de discussion du litige, la sentence des juges et l'étude du jurisconsulte restent constamment d'accord.

Parties des mêmes principes, se basant sur les mêmes documents et les mêmes textes, elles devaient arriver nécessairement aux mêmes solutions.

On nous dispensera d'insister sur ces conclusions identiques auxquelles viennent aboutir deux œuvres juridiques, contemporaines l'une de l'autre, étrangères l'une à l'autre, s'ignorant mutuellement. Toutes deux y puisent une autorité nouvelle, et une force probante indiscutable.

Le Caire, 15 Novembre 1896.

H. BABLED.

TABLE DES MATIÈRES

§ 1. Observations Préliminaires.

_____

I. Du Caractère International mais non politique des Commissaires de la Caisse.

§ 2. — 1. Situation légale des Commissaires de la Caisse. Son fondement en droit international.

§ 3. — 2. Changements survenus dans la composition de la Caisse.

§ 4. — 3. Décret du 12 Juillet 1888 sur la Création d'un Fonds de Réserve général.

§ 5. — 4. Influence de l'occupation Britannique sur l'attitude des Commissaires de la Caisse.

_____

II. Du Mode de Votation de la Caisse.

§ 6. — 1. Dispositions expresses et précédents.

§ 7. — 2. Mode de Votation en général.

§ 8. — 3. Mode de Votation dans l'hypothèse d'influences politiques sur les Commissaires de la Caisse.

§ 1.

Observations préliminaires.

Une question qui fournit continuellement matière aux discussions publiques, et en apparence aussi aux négociations diplomatiques est celle de savoir si la Caisse de la Dette publique Egyptienne pouvait s'autoriser d'une décision prise à la simple majorité des voix pour répondre à une demande du Gouvernement Egyptien, et mettre à sa disposition à titre d'avance comme dépense extraordinaire pour l'expédition de Dongola 500,000 L. E. sur le fonds de Réserve Général confié à sa garde. ([1])

Dans le public, on a surtout discuté jusqu'à ce jour si l'on pouvait admettre qu'une décision de cette nature pût être prise à la simple majorité des suffrages.

([1]) En raison des questions soulevées par cet incident, nous examinerons dans la présente étude au point de vue du droit général la situation légale et le mode de votation des Commissaires de la Caisse.

Nous démontrerons aussi, à ce propos, que des actes des Commissaires de la Caisse peut résulter en général une responsabilité juridique. Notre intention n'est pas néanmoins d'étudier à fond et jusqu'au bout ce qu'est en elle-même cette responsabilité.

Notamment en ce qui concerne l'incident spécial relaté dans notre texte, nous nous abstiendrons d'examiner si, pour qui, et jusqu'à quel point il a pu donner lieu à une responsabilité de ce genre.

D'après les comptes-rendus des journaux, plusieurs actions ont été, à l'occasion de ce même incident, intentées devant le tribunal international mixte du Caire, contre le Gouvernement Egyptien, la Caisse, et certains Commissaires de cette Caisse.

En raison de nos observations préliminaires, nous ne chercherons pas non plus dans la suite, en ce qui concerne le litige actuellement pendant, à prendre parti soit pour la défense soit pour l'attaque, ni à nous prononcer sur la recevabilité des moyens proposés.

Mais préjudiciellement à cette question, il faut en résoudre une autre, celle de savoir si d'une façon générale, en pareille circonstance, la Caisse pouvait prendre valablement une décision de ce genre.

Cette seconde question dépend elle-même essentiellement du point de savoir si les Commissaires de la Caisse peuvent voter dans les affaires qui leur sont soumises d'après des instructions politiques formelles, ou même, à défaut de ces instructions, d'après les intérêts politiques de leurs pays d'origine respectifs.

I.

DU CARACTÈRE INTERNATIONAL MAIS NON POLITIQUE DES COMMISSAIRES

———— ✳ ————

§ 2.

I. Situation légale des Commissaires de la Caisse. Son fondement en droit international.

————

La Caisse ([1]) fut créée par une décret souverain du Khédive en date dn 2 Mai 1876, afin de donner pour l'avenir aux créanciers des Dettes consolidées de l'Etat Egyptien une garantie de leurs droits et de leurs intérêts : A cette époque l'Egypte, par suite de la mauvaise gestion de ses finances, était écrasée par de lourdes calamités financières, et par là même les droits et les intérêts de ses créanciers se trouvaient en grande partie lésés et compromis. Leur surveillance et leur représentation furent le but propre et la mission spéciale de la Caisse.

A raison de leur nature, les dettes consolidées ont une durée qui s'étend sur une longue suite d'années, et leurs services d'intérêts et d'amortissement doivent être

————————

([1]) W. Kaufmann.—Le droit international de la Dette Publique Egyptienne. Berlin 1891 p. 56 — 58, 59, 62, 74, et particulièrement 135 - 147. Cette étude a paru aussi dans la Revue de dr. intern. et de lég. comp. T. XXII (1890) p. 556 et suiv. - T. XXIII (1891) p. 48, 144, 266, 382 et suiv. et a été traduite en anglais par Wallach (the Egyptian State Debt and its relation to international law. 1892)

assurés chaque année à nouveau par les revenus de
l'Etat. Il suit de là que la mission de surveillance des
droits et intérêts des créanciers de l'Etat ne peut s'ac-
complir d'une façon durable, si l'organe désigné pour cette
mission n'est pas à même d'exercer un certain contrôle
et une certaine action à l'égard de l'administration générale
des Finances.

Il est d'ailleurs nécessaire, pour que l'existence et
les fonctions d'un pareil organe soient compatibles avec
le bien de l'Etat, que l'organe en question, destiné il est
vrai en première ligne à la défense des intérêts des porteurs, tienne compte en même temps dans l'exercice de
sa mission des intérêts financiers généraux de l'Etat. De
là résulte, pour l'organe en question, le devoir général de
remplir et d'interpréter ses fonctions de telle sorte qu'en
sauvegardant avant tout les intérêts des créanciers, il
ménage en même temps et prenne en considération dans la
mesure du possible les intérêts financiers de l'Etat.

Aux termes du décret du 2 Mai 1876, pour sauvegarder les droits et intérêts des porteurs, les revenus
affectés au service des Dettes consolidées devaient être
versés par les percepteurs Egyptiens, non pas à la Caisse
centrale du Trésor, mais directement à la Caisse de la
Dette qui en raison de cela devait être considérée comme
une Caisse spéciale de l'Etat.

Si les revenus engagés pour le service de la Dette
se trouvaient insuffisants, les compléments nécessaires devaient être également délivrés et mis à la disposition de
la Caisse au moyen des ressources générales de l'administration financière de l'Etat.

A la Caisse incombait de son côté l'obligation d'assurer le service d'intérêts et d'amortissement et le service général des Dettes en question. La Caisse devait
être autorisée, comme ayant la représentation légale des

droits de ces diverses catégories de créanciers, à agir devant les Tribunaux Mixtes internationaux contre le Gouvernement Egyptien pour l'exécution des engagements contractés par lui envers les créanciers.

Déjà, depuis le décret ci-dessus, la Caisse était mise en rapports continuels avec de nombreux organes de l'administration financière Egyptienne. Entre autres détails, dans les provinces dont les revenus étaient affectés à la Dette, les percepteurs ne pouvaient être déchargés que par les quittances de la Caisse. Cette dernière avait de plus un contrôle sur la haute et régulière gestion de ces revenus.

A la Caisse encore, dès le début, le décret du 2 Mai 1876 avait dévolu, dans l'intérêt d'une plus grande sécurité des créanciers, certaines fonctions qui impliquaient par elles-mêmes un contrôle et une ingérence à l'égard de l'administration générale des Finances de l'Etat. Ainsi notamment, l'assentiment de la Caisse était à obtenir si le Gouvernement voulait apporter aux impôts affectés une modification de nature à influer sur la rente de ces impôts, ou s'il voulait procéder à l'émission d'un emprunt.

Plus tard enfin, comme nous pouvons le mentionner ici par avance, la Caisse se vit de nouveau confier d'autres attributions qui eurent pour effet d'élargir son contrôle et son ingérence à l'égard de l'administration générale des Finances de l'Etat.

De là provenait, dès l'institution de la Caisse, quant à son but et ses attributions, la mission générale que nous avons déjà définie plus haut: *Une sauvegarde et une représentation prépondérantes des droits et intérêts des créanciers de l'Egypte, tenant compte dans la mesure du possible des intérêts financiers généraux de l'Etat Egyptien.*

Afin de pouvoir remplir cette mission complexe, la Caisse devait être indépendante à l'égard des diverses catégories d'intéressés. (¹) — Il était tout d'abord conforme à sa mission principale que la Caisse fût indépendante de toute influence qui aurait pu entraver la défense des droits et intérêts des créanciers. D'un autre côté sa situation devait lui permettre d'échapper à toute dépendance qui aurait pu l'empêcher de tenir compte dans la mesure du possible des intérêts financiers généraux du Gouvernement Egyptien.

Aussi dès le début l'organisation de la Caisse fut conçue et réalisée d'après cette idée qu'il fallait assurer son indépendance.

D'après le but de la Caisse et la situation de l'Egypte en 1876, il est naturel qu'on ait eu en vue surtout, dans la discussion, l'indépendance de la Caisse à l'égard du Gouvernement Egyptien. (²)

Toutefois il y avait eu en 1876, avant l'institution de la Caisse, entre les Cabinets Anglais et Français des négociations échangées au sujet de la création en Egypte d'un organe de cette nature ou d'une institution analogue, et au sujet de la désignation, conforme au désir du Khédive, d'un Commissaire Anglais et d'un Commissaire Français dans cette institution. Au cours des négociations échangées entre les deux Cabinets qui paraissaient alors, au point de vue de la nationalité des

---

(¹) Un arrêt de la Chambre spéciale Italienne de la Cour Mixte d'Alexandrie, en date du 9 Février 1887, déclarait :

«Il ne peut y avoir aucun doute, non seulement sur ce que la personnalité des Commissaires de la Dette est complètement distincte du Gouvernement Egyptien, mais encore qu'ils ne sont pas exclusivement les représentants des créanciers, mais bien les gardiens du bien être financier de l'Egypte, pour le compte et au profit de tous les intéressés et qu'une telle qualité leur crée une personnalité complètement à part et entièrement indépendante». — L'arrêt est reproduit dans le compte rendu de la C. de la Dette 1887. p. (93-101).

(²) Egypt. N° 8 — 1876. (vol. 83 p. 7-36).

créanciers de l'Egypte, à peu près seuls intéressés dans la question, il fut toujours expressément reconnu que les deux Cabinets cherchaient uniquement à procurer aux créanciers de l'Egypte une protection plus efficace, et qu'ils entendaient écarter tout arrangement qui pourrait amener de leur part une ingérence dans les affaires intérieures de l'Egypte. [1]

Ces négociations diplomatiques ne pouvaient aboutir immédiatement à un acte de droit international commun concernant la Caisse. Le Khédive promulgua d'abord à la date du 2 Mai 1876 un décret émanant de sa propre autorité sur la création de la Caisse; et dans le début la Grande Bretagne refusa de désigner un Commissaire Anglais parce qu'elle estimait que, dans son décret postérieur du 17 Mai 1876 sur l'unification de la Dette Egyptienne, le Khédive n'avait pas tenu à d'autres égards un compte suffisant des intérêts financiers des créanciers Anglais.

Ces négociations n'en établissent pas moins ce point que la Grande-Bretagne et la France considéraient expressément la Caisse, à l'époque même de sa création, comme une institution conçue et organisée d'une manière en aucune façon politique.

Alors déjà les deux Cabinets paraissaient avoir entre eux des divergences marquées dans les questions politiques relatives à l'Egypte. Mais les tendances ouvertement manifestées à cette époque par les deux Gouvernements concernant la Caisse sont en harmonie avec la teneur du décret du 2 Mai 1876, qui l'organisa originairement. Et il est permis de faire état de ces circonstances et de ces tendances pour préciser la situation que la Caisse et les Commissaires tenaient de ce même décret.

[1] Egypt. N° 8 — 1876. (Vol. 83 p. 7-8, 16-17, 21-22, 27-33, 35, 46, 83-85).

Nous verrons par la suite que les négociations diplomatiques d'alors, à un autre point de vue non moins important 'pour notre étude, corroborent et confirment encore ce qui d'après le contenu du décret doit être déjà tenu pour dûment établi.

Concernant l'organisation de la Caisse, le préambule du décret du 2 Mai 1876, § 3 et l'art. 5 établissent ce qui suit:

Le Khédive s'engage à nommer exclusivement pour la direction de la Caisse des Commissaires étrangers, qualifiés comme aptes à ces fonctions, qui lui seront désignés sur sa demande par leurs Gouvernements respectifs. Ainsi d'une part tous les Commissaires de la Caisse sont uniquement des étrangers désignés, sur la demande du Khédive et obligatoirement pour lui, par leurs Gouvernements respectifs: d'autre part, les personnes ainsi désignées sont nommées par le Khédive aux fonctions de Commissaires de la Caisse. (¹)

D'après d'autres dispositions non moins explicites, les Commissaires deviennent par le fait de leur nomination des fonctionnaires de l'Etat Egyptien avec résidence au Caire. Mentionnons par avance que, d'après les dispositions formelles de l'art. 22 d'un décret du 18 Novembre 1876 dont nous parlerons bientôt, les Commissaires ne peuvent accepter aucunes autres fonctions en Egypte. (²) La nomination des Commissaires qui doivent être payés par le Gouvernement Egyptien est valable, d'après le décret du 2 Mai 1876 pour cinq ans, avec

---

(¹) Ce double procédé — désignation par les Gouvernements étrangers, et nomination par le Gouvernement Egyptien — a été imité de celui employé dans le Réglement d'Organisation judiciaire pour la nomination des juges étrangers aux Tribunaux Mixtes Egyptiens, Cf. Kaufmann op. cit. pp. 21-31.

(²) Cf. Sur ce point pour plus amples détails, Kaufmann op. cit. p. 138 note 10.

la mention qu'après l'accomplissement de cette durée, les fonctions des Commissaires pourront leur être confirmées pour une nouvelle période.

De ces dispositions ([1]) résulte avant tout la conclusion suivante: le Khédive n'est pas autorisé à révoquer, de sa seule autorité les Commissaires pendant le cours de la période de cinq années assignée à leurs fonctions, car il est lié par la désignation des Gouvernements étrangers. D'autre part les Gouvernements étrangers n'ont pas le droit de rappeler, de leur seule autorité, les Commissaires délégués par eux ([2]). Car ces derniers de par la nomination du Khédive sont devenus fonctionnaires Egyptiens. Après l'expiration de la période de cinq ans, le Khédive a le droit, si le Commissaire y est disposé, de lui continuer ses fonctions sans avoir besoin à cet effet d'une désignation nouvelle de son Gouvernement d'origine, et sans avoir même à se préoccuper d'une volonté contraire de ce Gouvernement.

Inversement même si le Khédive, après l'expiration de la période de cinq ans, voulait de sa seule autorité renvoyer un Commissaire, la chose lui serait pra-

---

([1]) Décret du 2 Mai 1876 art. 5... Ils (les Commissaires) seront nommés par nous pour cinq ans.... Leurs fonctions pourront être continuées à l'expiration des cinq ans, et en cas de décès ou de démission de l'un d'eux la nomination nouvelle sera faite par nous dans la forme des nominations primitives.
Décret du 2 Mai 1876. Préambule § 3.
. . . Avons résolu d'instituer une Caisse spéciale chargée du service régulier de la Dette publique, et de nommer à sa direction des Commissaires étrangers lesquels seront, sur notre demande, indiqués par les Gouvernements respectifs, comme fonctionnaires aptes à remplir le poste auquel ils seront nommés par nous en qualité de fonctionnaires Egyptiens.

([2]) Naturellement il y a lieu de distinguer le cas où des Commissaires, à l'instigation de leurs Gouvernements d'origine, viendraient à démissionner volontairement. Mais il semble, au moins depuis la loi de liquidation, qu'une pression des Gouvernements étrangers à cet égard, en vue d'un dessein politique, serait inadmissible. Nous reviendrons plus tard sur ce point.

tiquement impossible. Car si après son renvoi il était délégué à nouveau par son Gouvernement, le Khédive serait contraint de le nommer encore.

En un mot il n'est au pouvoir, ni du Khédive seul, ni du Gouvernement d'origine seul d'enlever un Commissaire à ses fonctions.

Dans les négociations diplomatiques échangées avant la promulgation du décret du 2 Mai 1876, le Khédive déclara d'une manière formelle qu'il voulait créer un arrangement où son autorité personnelle se trouverait limitée de cette manière. D'après la situation de fait d'alors les sûretés à prendre n'avaient d'exigences pressantes qu'à l'égard du Khédive; ce qui explique en premier lieu pourquoi l'on ne songea nullement à soulever l'autre côté de la question, à savoir l'exclusion du droit de rappel des Commissaires par leurs Gouvernements d'origine; mais en second lieu, et sans chercher plus loin, l'exclusion de cette faculté séparée découlait de cette circonstance que par le fait de leur nomination les Commissaires devenaient fonctionnaires Egyptiens, et qu'une stipulation spéciale eût été nécessaire pour donner à des Gouvernements étrangers le droit de mettre fin en Egypte, de leur propre autorité, à des fonctions publiques de cette nature.

En résumé, tout droit de révocation isolé soit du Khédive, soit du Gouvernement d'origine à l'égard d'un Commissaire peut être considéré comme supprimé. Mais que dire de la faculté de révocation commune du Khédive agissant de concert avec le Gouvernement d'origine?

Il est hors de doute qu'ils peuvent mettre un terme aux fonctions d'un Commissaire après l'expiration de la période de cinq années.

Mais quant au point de savoir s'ils ont en commun le droit de révocation sur un Commissaire en période d'exercice, (sauf à réserver ses droits légaux concernant son traitement), il n'existe là dessus aucune disposition explicite.

Au cours des négociations diplomatiques, le Khédive avait manifesté l'intention bien arrêtée de stipuler et d'établir un arrangement dans ce sens [1].

La nomination des Commissaires est faite pour une durée de cinq ans, et l'art. 5 du décret du 2 Mai 1876, abstraction faite de l'écoulement de cette période, ne prévoit la nécessité de procéder à des nominations nouvelles qu'en cas de mort ou de démission volontaire: Ces deux circonstances permettent d'affirmer que le Khédive ne peut, même avec le concours du Gouvernement d'origine, congédier un Commissaire avant l'expiration des cinq années sans son propre consentement.

D'ailleurs des cas peuvent se produire où la possibilité d'une révocation disciplinaire de ces hautes fonctions doit être concédée sans réserve [2].

La conclusion de tout ceci est que le Gouvernement Egyptien peut, de concert avec le Gouvernement

---

[1] Cf. sur ces négociations. Egypt. N° 8 — 1876 (vol. 33) et spécialement là dessus (p. 16, 17) la dépêche du Ministre Anglais des Affaires Etrangères à l'Ambassade Anglaise de Paris en date du 6 Mars 1876 — d'après elle l'Ambassadeur de France à Londres avait fait la communication suivante sur la proposition du Khédive relative aux Commissaires, que l'on pensait alors simplement attacher comme organe de contrôle à une banque nationale Egyptienne.

«Les Commissaires sont nommés par le Khédive, sur la recommandation des trois Gouvernements, pour une durée de cinq ans, et ne pourront être révoqués sinon du consentement des Gouvernements qui les ont délégués, hormis le cas de délit ou d'incapacité.»

Voir aussi, p. 17. la déclaration du Ministre Italien des Affaires étrangères, reproduite dans la dépêche de l'Ambassadeur Anglais à Rome en date du 5 Mars 1876.

[2] En ce qui concerne les juges des Tribunaux Mixtes Egyptiens, qui sont inamovibles aux termes du T. 1, art. 19 du Réglement d'Organisation judiciaire pour les procès mixtes, il est dit expressément (T. 1, art. 24 et 25 du Réglement) que le pouvoir disciplinaire à leur égard appartient exclusivement à la Cour d'Appel d'Alexandrie.
Cf. Kaufmann l. cit. p. 31.

d'origine congédier un Commissaire avant l'expiration
de la période de cinq ans, mais nullement d'une manière
arbitraire, et seulement pour des raisons disciplinaires
d'une haute gravité.

On peut controverser la question de savoir si et
dans quels cas doit être admis le droit commun de révocation du Gouvernement Egyptien et du Gouvernement d'origine sur un Commissaire, au cours de ses fonctions. En tous cas, ce pouvoir commun qui semble ex-
clure toute dépendance du Commissaire soit d'un côté,
soit de l'autre constitue, d'après les considérations qui
précèdent, le maximum des droits d'un Gouvernement
d'origine sur son Commissaire: et en tous cas encore,
ce que nous développerons bientôt, depuis les conventions internationales de 1880 des devoirs internationaux ont été créés, en ce qui concerne l'application
de ce pouvoir de révocation commune, à la charge du
Khédive et des Gouvernements d'origine des Commissaires, vis à vis des autres Etats et de la collectivité
des créanciers de l'Egypte.

Mentionnons enfin que l'indépendance des Commissaires à l'égard des créanciers, nécessaire à réaliser pour
la bonne gestion des intérêts complexes confiés à la
Caisse, était assurée par ce fait que le décret du 2 Mai
1876 ne laissait aux créanciers aucune influence directe
sur la nomination des Commissaires.

Le 18 Novembre 1876, le Khédive promulgua un
nouveau décret, émané encore de sa seule autorité, sur la
conversion de la Dette publique Egyptienne. Par ce
décret il est vrai, les dispositions financières du décret
du 7 Mai 1876 ([1]), furent considérablement modifiées;

([1]) Le décret du 7 Mai 1876 s'exprimait ainsi dans l'art. 6 :
"Pour le service de la Dette Unifiée est créée une Caisse spéciale dont les statuts sont arrêtés par notre précédent Décret (2 Mai
1876) qui doit être considéré comme complément du présent décret.

mais le décret du 2 Mai 1876 concernant l'institution de la Caisse fut conservé dans ses dispositions essentielles. Le décret du 18 Novembre 1876 n'apporta que quelques dispositions additionnelles de nature à fortifier encore la situation légale des Commissaires ([1]).

Notamment, dans l'art. 18 de ce décret, il est déclaré d'une manière expresse que la Commission (ce terme remplace ici celui de Caisse) devra rester en permanence jusqu'à l'entier amortissement de la Dette. Une autre disposition complémentaire (art. 22) défend formellement aux Commissaires d'accepter d'autres fonctions en Egypte; nous en avons déjà fait mention. Enfin l'art. 20 porte une dernière addition: il y est expressément stipulé qu'un Commissaire Anglais fera partie de la Caisse et que le Khédive s'en réserve le choix et la nomination.

La faculté de choix du Khédive était limitée à l'alternative suivante:

Le Khédive voulait en premier lieu, pour ne nommer qu'une personnalité présentant les garanties nécessaires s'adresser officieusement au Gouvernement Anglais, et avait pris l'engagement de n'appeler qu'une personne qui aurait obtenu l'autorisation formelle ou tout au moins l'acquiescement de ce Gouvernement à son entrée en fonctions. Mais pour le cas où le Gouvernement Anglais n'aurait pas cru devoir donner, à l'époque où la nomination devait se faire, son autorisation ou son acquiescement, le Khédive déclarait son intention de porter son choix sur un des fonctionnaires supérieurs de l'administration anglaise, soit en retraite, soit en activité de service.

([1]) Décret du 18 Nov. 1876 — Préambule: — Considérant le décret du 2 Mai 1876 instituant la Caisse de la Dette publique, et voulant affermir mieux encore les attributions des Commissaires directeurs de la Caisse. . . . .

Ces dispositions relatives à l'invitation et au choix d'un Commissaire Anglais furent prises par le seul motif que le nombre très important des porteurs Anglais de la Dette Egyptienne paraissait commander l'appel à la Caisse d'un Commissaire de leur nationalité, et que d'autre part le Gouvernement Anglais refusait alors encore de désigner officiellement ce Commissaire. Le Gouvernement Anglais a depuis changé de point de vue, et les dispositions de l'art. 20 du décret du 18 Novembre 1876 n'ont plus aujourd'hui d'autre utilité pratique, que de mentionner en termes précis l'appel à la Caisse d'un Commissaire Anglais.

Les décrets des 2 Mai et 18 Novembre 1876 étaient des décrets unilatéraux, émanés de la seule autorité du Khédive. La Caisse était donc à l'origine une création unilatérale, émanée de cette seule autorité : pourtant le Khédive, à l'égard des Puissances qu'il devait consulter conformément à ces décrets pour la désignation des Commissaires, prenait des engagements en une certaine mesure internationaux. Mais la Caisse parvint à une organisation basée entièrement sur le droit international quand la loi de Liquidation du 17 Juillet 1880 eut maintenu avec force légale dans son art. 39 (¹) les dispositions des décrets

_____

(¹) Loi de Liquidation du 17 Juillet 1880.
Titre I. Dette Consolidée.
Art. 1 — Le Service de la Dette Consolidée s'effectuera à l'avenir dans les conditions déterminées ci-après. . . . .
Attributions de la Caisse de la Dette Publique.
Art. 30 — La Caisse de la Dette Publique, instituée par décret du 2 Mai 1876 recevra les fonds destinés au service des intérêts et de l'amortissement de la Dette privilégiée et de la Dette unifiée et fera l'emploi de ces fonds conformément aux dispositions de la présente loi.
Art. 31-38 — (Mentionnent une série d'attributions spéciales concernant la Caisse).
Art. 39 — Sont maintenues avec force exécutoire toutes les dispositions des décrets des 2 Mai et 18 Novembre 1876 concernant les attributions de la Commission de la Dette Publique qui ne sont pas contraires à la présente loi
Titre II.
. . . .

des 2 Mai et 18 Novembre 1876 relatives à la Caisse. Car la loi de Liquidation elle-même reposait sur des conventions de droit international. ([1])

L'aggravation continue de la situation financière de l'Egypte, et les atteintes non moins continues portées aux droits des créanciers étrangers entre les années 1876 et 1880 finirent par amener l'intervention des Puissances Européennes dans les affaires financières du Gouvernement Egyptien. Après la chute du Khédive Ismaïl Pacha en 1879, une entente fut conclue entre son successeur Tewfik Pacha et les grandes Puissances Européennes, Grande-Bretagne, France, Allemagne, Italie, Autriche-Hongrie. En raison de la crise financière de l'Egypte, une nouvelle réduction des droits acquis de ses créanciers était inévitable: mais la justice exigeait que les sacrifices nécessaires fussent répartis entre tous les créanciers, sans acception de personnes ou de nationalité: et dans ce but la réglementation nouvelle et indispensable de la situation financière de l'Etat Egyptien devait être poursuivie par un organe rigoureusement impartial et indépendant. Les cinq grandes Puissances mentionnées ci-dessus s'engagèrent par avance et réciproquement, par une Déclaration en date du 31 Mars 1880, à accepter l'œuvre d'une Commission internationale de Liquidation à nommer par le Khédive et déjà prévue dans leurs conventions; et de plus elles résolurent d'un commun accord de porter cette Déclaration à la connaissance des autres Etats qui avaient pris part à l'institution des Tribunaux Mixtes en Egypte, ([2]) et de solliciter leur adhésion.

Le Khédive, de son côté, par un décret du 31 Mars 1880, conforme à ces résolutions, réalisa la création de la Commission internationale de Liquidation et déclara pa-

---

([1]) Cf. Kaufmann, l. cit. p. 74 - 79.
([2])   ibid.   l. cit. p. 20 - 23.

reillement par avance dans ce décret qu'il sanctionne-
rait et promulguerait comme loi le projet à établir par
ladite Commission. En conséquence après la nomination
de ses membres par un décret du 5 Avril 1880, la Commission de Liquidation prépara un projet de réglementation
nouvelle des finances Egyptiennes, que le Khédive, conformément à sa déclaration précédente promulgua à la
date du 17 Juillet 1880 sous le titre de loi de Liquidation.

Parmi les autres Etats qui avaient pris part à l'institution des Tribunaux de la Réforme en Egypte deux
grandes Puissances, la Russie ([1]) et les Etats-Unis déclarèrent adhérer aux dispositions de la loi de Liquidation.
Les autres Etats avaient adhéré déjà auparavant à la
Déclaration des cinq grandes Puissances en date du
31 Mars 1880.

Grâce au caractère collectif de ces conventions de
droit international, la loi de Liquidation est parvenue à
constituer une règle internationale non seulement pour
l'Egypte, mais encore pour toutes les Puissances qui ont
pris part à l'institution des Tribunaux de la Réforme, et
spécialement pour les six grandes Puissances Européennes.
Par ces conventions de droit international, la collectivité
des Etats s'est collectivement engagée à observer la teneur
de la loi de Liquidation. Car ainsi seulement il était
possible d'arriver à une réglementation financière nouvelle,
large, légitime et obligatoire pour tous les Créanciers.

([1]) Cf. Egypt. No 4 — 1885 (1884-85 Vol. 88 p. 744). — Le
Ministre Russe des Aff. Etrangères de Giers déclare à la date du
27 Déc. 1884 dans une dépêche à l'Ambassadeur de Russie à
Londres: « Cette loi nous a été officiellement communiquée avec
invitation d'y adhérer. Le Cabinet Impérial l'ayant examinée et
ayant trouvé qu'elle offrait des garanties suffisantes pour les
intérêts qu'elle avait pour but de sauvegarder, y a donné son
adhésion par une note circulaire en date du 24 Juillet 1880. La
loi de liquidation dont nous sommes ainsi devenus Partie con-
tractante et garante avait régularisé et fixé la compétence de la
Commission de la Dette Publique, existant déjà depuis quatre ans
en vertu d'un Décret Khédivial ».

Il suit de là que ni l'Egypte, ni aucun autre des Etats participants, ni un groupe quelconque d'entre eux, ni même les grandes Puissances d'accord avec l'Egypte ne peuvent modifier la situation de droit international créée par la loi de Liquidation : un changement à cette situation juridique ainsi constituée ne pourrait être obtenu qu'avec le consentement de tous les Etats adhérents. ([1])

Disons par avance que certains changements législatifs ont été réalisés de cette manière avec l'assentiment de tous les Etats intéressés, par les décrets internationaux de 1885, 1890 et 1893. ([2])

Mais ces modifications n'eurent d'autre résultat, pour la Caisse et les Commissaires, que d'étendre leur service à l'emprunt garanti de 1885 et à l'emprunt privilégié converti de 1890, et si quelques changements furent introduits dans les fonctions de la Caisse, ils laissèrent intactes les dispositions que nous aurons à étudier plus loin.

([1]) Cf. également Kaufmann op. cit. P. 108 Note 11

Il y est démontré comment, les grandes Puissances désignant seules des Commissaires de la Caisse, il en peut résulter que certains changements décidés par elles seules de concert avec le Gouvernement Egyptien soient réalisés dans la pratique. Ainsi les grandes Puissances, de concert avec l'Egypte, pourraient modifier peu à peu en vue de leurs convenances particulières le droit international qui la régit, et cela en fait, sinon en droit strict: Ce serait à la condition toutefois que les Commissaires de la Caisse se prêtassent d'un commun accord à la réalisation pratique des modifications ainsi décrétées. Ainsi il se peut, comme je le fais observer en ce passage (et plus loin également) que les décrets du 12 Juillet 1888 sur le fonds de réserve général et du 2 Juin 1890 sur la date de clôture des comptes annuels soient uniquement basés sur un accord entre l'Egypte et les grandes Puissances. En tous cas si ces dernières modifiaient le droit international en vigueur, comme pourrait le faire un comité exécutif, pour le compte de tous les autres Etats, elles auraient à l'égard de ces derniers l'obligation internationale de n'accepter, n'interpréter et n'appliquer ces changements que dans la mesure des intérêts internationaux communs, et non de les faire servir à leurs vues politiques particulières. — De même dans la question de l'adjonction d'un commissaire Allemand et d'un commissaire Russe à la Caisse, les grandes Puissances Européennes agirent en 1885 sans consulter les autres Etats : toutefois ce point sur lequel nous reviendrons plus loin, n'était pas fixé en droit international par la loi de Liquidation.

([2]) Cf. Kaufmann. op. cit. p. 100 - 113.

Des circonstances qui amenèrent la loi de Liquidation, il résulte: en premier lieu que chacun des Etats adhérents a acquis vis à vis des autres Etats adhérents un droit international au maintien de la situation légale créée par cette loi; en particulier les Etats secondaires ont acquis ce droit à l'encontre des grandes Puissances Européennes et de l'Egypte:

En second lieu les droits privés ou subjectifs des créanciers de l'Etat Egyptien confirmés par la loi de Liquidation, et les dispositions légales prises dans leur intérêt ne sont pas inattaquables seulement par l'Egypte seule, mais encore par l'Egypte agissant de concert avec les grandes Puissances Européennes. A ce point de vue, depuis que la loi de Liquidation a traité les créanciers de l'Etat Egyptien comme une entité unique, depuis qu'à chaque instant peut se produire un transfert de droits d'un créancier d'une nationalité à un sujet d'une autre nationalité, on n'est plus autorisé à diviser les créanciers en groupes distincts, d'après leur nationalité.

De là suit qu'un Etat particulier, même de concert avec l'Egypte, ne peut statuer sur une modification des droits de ses nationaux. Pour modifier d'une manière qui soit valable légalement les droits des créanciers de l'Etat Egyptien, il faudra désormais le concours de tous les Etats adhérents à la loi de Liquidation.

De ces prémisses il résulte encore ce qui suit: aussi longtemps que tous les Etats adhérents ne seront pas d'accord sur une modification à cette loi, chacun d'eux et chacun des créanciers de l'Etat Egyptien, en vue desquels la Caisse a été créée, ont le droit d'exiger que la mission et les attributions de la Caisse, la mission et les obligations des Commissaires de la Caisse restent réglées d'après la loi de Liquidation; et cette loi, par son art. 39 déjà mentionné, renvoie elle-même aux décrets des 2 Mai et 18

Novembre 1876, en ce qui concerne ces diverses attributions.

Il résulte également de la teneur de la loi de Liquidation : que la Caisse et les Commissaires de la Caisse doivent, à n'en pas douter, faire servir leur mission originaire et commune, et les attributions résultant pour eux des deux décrets de 1876 modifiés par la loi de Liquidation, à la défense des intérêts et des droits de l'ensemble des créanciers des Dettes consolidées dont le service concerne la Caisse ; et qu'enfin ni la Caisse, ni les Commissaires de la Caisse n'ont plus à prendre en considération la nationalité particulière des créanciers [1].

---

[1] Cf. 1° La déclaration de Mr Tricoupis, Président du Conseil des Ministres de Grèce, relatée dans la dépêche de l'envoyé de la Grande Bretagne à Athènes en date du 13 Octobre 1884. (Egypt N° 36 — 1884-85. vol. 88 p. 619).

Il y explique pourquoi il a décliné la proposition faite par la France de protester contre la suspension temporaire du fonds d'amortissement (cela se référait à une mesure du Ministre des finances d'Egypte en date du 12 Sept. 1884 qui sera relatée plus loin).

Tricoupis dit qu'il considère la question au point de vue politique et au point de vue financier. Abordant d'abord ce second point de vue, il estime en premier lieu que des mesures sont devenues indispensables pour parer aux embarras financiers momentanés de l'administration Egyptienne. Mais il estime en second lieu que les Commissaires de la Caisse sont en Egypte les représentants et les gardiens des intérêts financiers communs de ceux des Etats qui ont adhéré à la loi de Liquidation ; et en définitive il n'a (dans le cas actuel) contre les mesures que les Commissaires jugeraient opportunes aucune observation à formuler, aucune démarche à entreprendre. Il considère les Commissaires comme responsables et est d'avis que la Grèce et les autres Puissances non représentées dans la Caisse doivent en ce cas s'abstenir. — Quant au côté politique de la question, la Grèce n'y est en l'espèce aucunement intéressée.

Cf. 2° Une dépêche de Mr de Giers, Ministre des Affaires Etrangères de Russie à l'ambassadeur de Russie à Londres, en date du 27 Déc. 1884. (Egypt. 1884-85. vol. 88 p. 744)

«Convaincus que les Puissances appelées en 1876 à faire partie de cette institution auraient en vue la sauvegarde des intérêts internationaux et par conséquent aussi ceux des Puissances non représentées, nous avions cru pouvoir nous abstenir d'y nommer un délégué, en nous en remettant avec confiance à la surveillance des Représentants Européens qui siégeaient dans la dite Commission.»

De tout cela se déduit une importante conclusion (¹).

Nous avons exposé ci-dessus que l'indépendance de la Caisse vis à vis des intéressés était le point de vue essentiel à observer dans son organisation.

(¹) Le décret du 31 Mars 1880, ratifié par les Puissances, qui institua la Commission de Liquidation précise sa mission et sa durée ainsi qu'il suit :

1⁰ Elle devra préparer un projet de loi réglementant les relations du Gouvernement Egyptien.... avec ses créanciers. (Art. 1)

2⁰ Elle déterminera les ressources qui pourront être mises à la disposition des créanciers. Mais elle devra en premier lieu tenir compte de la nécessité de réserver au Gouvernement Egyptien la libre disposition des sommes indispensables pour assurer la marche régulière des services publics. (Art. 2)

3⁰ Elle aura le droit de surveiller (d'accord avec les deux contrôleurs généraux étrangers alors existants) la mise en vigueur des dispositions qui auront été arrêtées par elle. A cet effet la durée de ses pouvoirs après la publication de la loi de Liquidation pourra être prolongée pendant un délai qui n'excédera pas trois mois. A l'expiration de ce délai, la Commission sera dans tous les cas dissoute de plein droit. (Art. 4)

Dans les négociations qui avaient précédé ces conventions, l'Autriche-Hongrie avait tout d'abord fait une autre proposition, celle de créer à côté de contrôleurs généraux Anglais et Français un troisième contrôleur général qui eût été désigné alternativement par l'Allemagne, l'Italie et l'Autriche-Hongrie. Cette proposition ayant été repoussée sur l'opposition énergique des Puissances occidentales, l'Autriche-Hongrie, appuyée par l'Italie, exigea que la Commission de Liquidation ne se bornât pas à présenter un projet de nouvel arrangement financier, mais fût également appelée à surveiller la mise en vigueur et l'accomplissement de ses décisions.

Aucun terme ne devait être assigné d'avance à ces dernières fonctions. La Commission internationale de Liquidation dans laquelle devaient toujours entrer deux représentants de l'Angleterre et de la France et un représentant de l'Allemagne, de l'Italie et de l'Autriche-Hongrie serait parvenue, en vertu de cette proposition, à constituer une organisation de contrôle permanente et à former d'après le projet originaire de l'Autriche une sorte de rouage supérieur au dessus des deux contrôleurs généraux. Plus tard l'Autriche atténua quelque peu ses propositions : Mais même ainsi réduit son projet ne réussit pas à aboutir, puisqu'il appert du décret précité que la Commission de Liquidation ne pouvait rester en fonctions plus de trois mois après la publication de la loi future.

Les Puissances occidentales, et en particulier l'Angleterre, n'avaient pas voulu laisser ladite Commission prendre une forme permanente par ce motif qu'en raison de la nature de ses fonctions elle aurait pris un caractère politique international.

Sans aucun doute les Commissaires de la Caisse devaient être indépendants vis à vis du Gouvernement Egyptien, et il était indéniable que le mode de leur

---

Dans un memorandum du 18 Novembre 1879, remis par le premier Ministre Anglais lord Salisbury', à l'ambassadeur d'Autriche à Londres, il était déclaré:

« Les Commissions internationales sont des institutions auxquelles il peut être nécessaire de recourir partout où peuvent se rencontrer les droits soit opposés, soit tout au moins séparés des différentes nations. Mais seules ces circonstances peuvent justifier leur emploi. Ce sont des instruments de Gouvernement inefficaces, lents, inertes, et sujets à dévier constamment de toute ligne politique à laquelle ils donnent leur adhésion momentanée, en raison de changements toujours possibles dans les relations entre les Etats représentés au sein de ces Commissions. En outre de ces difficultés, et en l'espèce, vis à vis d'une Commission représentant cinq ou six Gouvernements étrangers et chrétiens, le Gouvernement Egyptien est mal qualifié pour une pareille tâche, au double point de vue de la compétence en cette matière et des sentiments de la nation... »

Et il ajoutait que la nécessité d'une Commission internationale de Liquidation (dont le rôle devait, à son avis, se borner à présenter un projet de nouvel arrangement financier) n'avait de caractère politique pour aucune des Puissances Européennes.

«Pour l'Angleterre, au point de vue politique, la chose est de peu de conséquence. Pour le Gouvernement Egyptien, la principale importance de cette institution serait de permettre d'introduire la clarté et la régularité dans l'administration des finances. Les principaux intéressés sont les créanciers du Gouvernement Egyptien; les divers Gouvernements d'Europe ne peuvent l'être que dans la mesure où leurs nationaux sont créanciers du Khédive.»

Dans une autre circonstance lord Salisbury déclara formellement ne pouvoir accepter les ouvertures de l'Autriche, parce qu'elles impliquaient une immixtion politique internationale des diverses grandes Puissances Européennes dans les affaires de l'Egypte. De son côté le Ministre d'Autriche déclarait formellement ne chercher à obtenir par l'œuvre de la Commission de Liquidation aucune influence politique, mais uniquement la protection des intérêts commerciaux de l'Autriche en Egypte.

Cf. Egypt. Nᵒ 1 et 2 [1880] — vol. 79. p. 3-184 et particulièrement p. 43, 126, 134, 136, 139, 145-147, 149, 153, 155-157, 159, 168, 169.

On peut conclure de tout ce qui précède que, si à cette époque les Puissances n'avaient rien à objecter contre la création d'une Caisse de la Dette Publique, elles ne la considéraient pas comme une commission politique, mais simplement comme une commission d'administration financière dans laquelle étaient représentées les Puissances Européennes dans l'intérêt des créanciers Européens. C'est cette conception de la Caisse qui sert de base à la loi de Liquidation et est devenue, depuis cette loi, décisive et obligatoire en droit international.

institution les rendait de même indépendants à l'égard des créanciers. Nous ajoutons qu'à l'époque de la création de la Caisse on s'était beaucoup moins occupé du cas possible où les Gouvernements d'origine des Commissaires auraient intérêt à les tenir sous leur propre dépendance.

Il n'en résulte pas moins, tant des dispositions des décrets de 1876 que de leurs préliminaires diplomatiques, que les Commissaires doivent être aussi considérés comme indépendants vis à vis des Gouvernements qui les ont désignés et qu'ainsi leurs fonctions doivent rester dans les strictes limites de la mission commune de la Caisse.

A ce dernier point de vue un doute pouvait encore s'élever à l'encontre des décrets de 1876. On pouvait prétendre qu'alors chacun des Gouvernements étrangers n'avait désigné son Commissaire que dans le but de sauvegarder les droits de ses propres nationaux. Cette désignation n'eût été qu'une des formes de la représentation diplomatique et de la protection des droits des nationaux vis à vis de l'Etranger. Mais chaque Gouvernement aurait alors eu la faculté de sacrifier le cas échéant les droits de ses propres sujets, à l'encontre du pays étranger, à d'autres intérêts plus importants de politique internationale; d'enjoindre au Commissaire désigné par lui de s'inspirer éventuellement, pour régler ses actes, non des intérêts des créanciers de sa nationalité mais des intérêts politiques internationaux de son Gouvernement. Des objections et des doutes de cette nature ne sont plus possibles depuis que la loi de Liquidation a donné à la Caisse et aux Commissaires de la Caisse la mission internationale de sauvegarder les droits de tous les créanciers, sans distinction de nationalité.

Les divers Gouvernements qui, en vertu de ces dispositions de droit international, se chargent de la désignation d'un Commissaire le désignent pour la défense d'un ensemble collectif de droits et d'intérêts, dont ils n'ont en aucun cas la disposition, et qu'ils n'ont en aucun cas le droit de sacrifier à leurs propres intérêts politiques internationaux.

Si un Gouvernement, en exécution des dispositions du droit international, procède à la désignation d'un Commissaire, ce même droit international objectif et indépendant des Gouvernements règle seul les fonctions du Commissaire; il lui impose des devoirs précis en vue de la protection et de la défense des droits de l'ensemble collectif et international des créanciers; par là même tout Gouvernement doit s'interdire la faculté d'influencer le Commissaire désigné par lui, pour le faire agir dans l'exercice de ses fonctions en vue d'intérêts particuliers à ce Gouvernement, en désaccord avec des devoirs internationalement déterminés.

Ainsi l'ensemble des devoirs de tout Commissaire est fixé par un droit international objectif et indépendant du Gouvernement qui autorise le Commissaire à assumer ces devoirs; son gouvernement ne peut l'en détourner à son gré, et s'interdit par là même la faculté de lui tracer dans ces fonctions aucune ligne de conduite, soit d'après son droit objectif particulier, soit d'après des considérations politiques et des instructions de même nature. (1)

_____

(1) En conséquence, même si le Gouvernement en question désigne pour les fonctions de Commissaire un de ses propres fonctionnaires et lui conserve en même temps sa qualité de fonctionnaire national pendant toute la durée de sa mission, cette qualité de fonctionnaire national ne pourra être mise à profit ni pour exercer une pression sur ses actes de Commissaire, ni pour le contraindre à donner sa démission avant terme, ce qui fournirait à son Gouvernement d'une manière indirecte une faculté de révocation unilatérale qui ne lui appartient pas en droit.

Tout Commissaire, désigné par son Gouvernement d'origine, qui assume ces fonctions en un certain sens internationales, étrangères à son pays, basées sur un droit international indépendant de son pays, assume en même temps l'obligation de remplir sa mission conformément à ce droit international, pour le but qui lui est tracé par ce droit international, et de ne se laisser influencer dans l'exercice de sa mission ni par les intérêts, ni par les instructions contraires de son Gouvernement d'origine.

Cette obligation, le Commissaire l'assume à l'égard de l'Etat étranger dont il devient fonctionnaire, à l'égard des autres Etats dont émanent les dispositions de droit international qui règlent ses fonctions, et enfin à l'égard des particuliers dont il a spécialement à sauvegarder et à défendre les droits et les intérêts, conformément aux dispositions de droit international qui les concernent.

D'après ces considérations préliminaires, nous arrivons aux conclusions suivantes :

En vertu du droit international la Caisse et les Commissaires sont tenus de s'employer *exclusivement* à la sauvegarde des droits et des intérêts de la collectivité des créanciers des Dettes de l'Etat confiées à leur gestion, en tenant compte *dans la mesure du possible* des intérêts financiers généraux de l'Etat Egyptien.

En vertu du droit international, la Caisse et les Commissaires de la Caisse sont tenus de n'employer les ressources financières mises à leur disposition et consistant notamment en revenus de diverse nature de l'Etat Egyptien, que d'une façon conforme d'une part aux droits et intérêts des créanciers, d'autre part aux droits et intérêts de l'Etat Egyptien. Ils ne peuvent donc pas, dans les affaires de la Caisse donner leurs voix d'après les instructions officielles ou officieuses, ou même, à défaut d'instructions précises, d'après les intérêts politiques de leurs pays d'origine. D'une part leurs Gouvernements n'ont pas le droit de donner d'instructions politiques aux Commissaires, d'autre part les Commissaires ne doivent pas décider d'après les intérêts politiques de ces Gouvernements.

Si donc un Commissaire, à l'égard d'une affaire spéciale de la Caisse, paraît influencé par les intérêts politiques de son pays d'origine, il doit dans cette affaire s'abstenir de voter.

Si dans une affaire spéciale de la Caisse, la moitié ou la majorité des Commissaires est circonvenue par cette influence politique, elle doit s'abstenir de prendre aucune décision.

Si un Commissaire se défend d'être circonvenu par aucune influence politique, la question de savoir s'il en est vraiment ainsi n'aurait d'intérêt à être élucidée qu'en cas de divergence d'opinion des autres Commissaires sur ce point.

En pareil cas également une protestation formelle de chaque Commissaire pourrait être prise en considération.

Quoi qu'il en soit, les Commissaires qui tiendraient l'un de leurs collègues pour circonvenu politiquement ne seraient pas autorisés, même s'ils avaient la majorité, à lui interdire de prendre part au vote sur l'affaire en question. Nulle part ce pouvoir autoritaire d'exclusion contre un collègue n'a été donné, ni à la Caisse, ni aux Commissaires de la Caisse.

En revanche les voies de recours légales resteraient ouvertes à tous ceux qu'aurait pu léser l'immixtion dans les affaires de la Caisse d'un Commissaire politiquement circonvenu. Quant à la Caisse elle-même, ce serait une question à résoudre que celle de savoir si elle pourrait user en pareil cas des mêmes voies légales comme ayant le représentation des créanciers lésés (art. 38 de la loi de Liquidation).

Les parties lésées peuvent être en premier lieu les Etats étrangers: Ils ont à leur disposition dans leurs relations diplomatiques des recours efficaces. Toutefois des difficultés peuvent alors résulter de ce fait qu'un Commissaire, en vertu des principes développés ci-dessus, ne dépend d'aucun Gouvernement particulier. A la rigueur, on pourrait provoquer par voie diplomatique une décision de tous les Etats adhérents à la loi de Liquidation; en pratique on lui substituerait, suivant les vraisemblances, une décision des six grandes Puissances Européennes qui désignent les Commissaires. La question serait alors à régler entre elles et le Gouvernement Egyptien.

Nous n'examinerons pas la question de savoir si les grandes Puissances Européennes qui ont donné leur garantie à l'emprunt Egyptien de 1885 pourraient suivant les circonstances user également des voies légales devant les Tribunaux Mixtes Egyptiens, en raison des préjudices financiers qui peuvent résulter pour elles d'une décision de la Caisse et des recours éventuels qu'elles peuvent avoir à exercer contre le Gouvernement Egyptien en cas d'appel fait à leur garantie.

Les parties lésées peuvent être en second lieu les créanciers du Gouvernement Egyptien. Pour eux sans conteste une seule voie est à examiner, celle de l'action civile. Sans approfondir et sans trancher la question d'une façon décisive, nous nous bornerons aux observations suivantes: D'après l'art. 10 Tit. 1 du Règlement d'organisation judiciaire pour les procès mixtes en Egypte, on peut en ce pays, dans tous les procès où figurent des étrangers, assigner valablement devant les tribunaux mixtes le Gouvernement et les administrations de l'Etat: et la même action est ouverte, dans les mêmes cas, contre les fonctionnaires Egyptiens. Les tribunaux mixtes qui d'après l'art. 9 du Règlement sont compétents dans les litiges civils et commerciaux ne peuvent d'après l'art. 4 ni statuer sur la propriété du domaine public, ni interpréter ou arrêter l'exécution d'une mesure administrative. Mais ils peuvent, d'après le même article, *statuer sur les atteintes qui ont été portées par un acte d'administration aux droits acquis d'un étranger.* (¹)

Les règles de droit contenues dans la loi de Liquidation sont également applicables devant les Tribunaux mixtes. En vertu de cette loi de nouveaux litiges ont été ultérieurement soumis à la compétence de ces Tribunaux. Nous faisons surtout allusion ici à l'art. 38 de la loi de Liquidation qui ne parle il est vrai — tout au moins explicitement—que d'un droit d'action des Commissaires de de la Caisse comme représentants légaux des créanciers et de la faculté d'assigner comme défenderesse l'administration financière représentée par le Ministre des Finances. (²)

Dans tous les cas les diverses Puissances ont pris sur elles d'intervenir, chacune de son côté, dans les affaires financières de l'Egypte, pour servir les intérêts de ceux des créanciers qui leur appartenaient. Mais elles ne pouvaient arriver à ce résultat qu'en créant dans la loi de Liquidation une œuvre législative commune, obligatoire pour elles-mêmes et dont les dispositions devaient être la sauvegarde collective des intérêts de tous les créanciers de l'Egypte, sans distinction de nationalité.

(¹) Cf. Kaufmann op. cit. p. 27.

(²) L'art. 38 de la loi de Liquidation porte:
Les Commissaires de la Dette, représentants légaux des porteurs de titres auront qualité pour suivre devant les tribunaux de la Réforme contre l'administration représentée par notre Ministre de Finances l'exécution des dispositions concernant les affectations de revenus, les taux d'intérêts des dettes, la garantie du Trésor, et généralement toutes les obligations qui incombent à notre Gouvernement, en vertu de la présente loi à l'égard du service des Dettes privilégiée et unifiée.

Il suit de là que la Caisse fondée en vertu de cette loi doit servir à ce but commun; que les Puissances ont l'obligation de laisser la Caisse et les Commissaires de la Caisse servir à ce but commun. ([1]) Le droit international créé dans la loi de Liquidation avec la participation et l'assentiment, non seulement des grandes Puissances Européennes, mais encore d'un groupe d'autres Puissances, forme la base permanente et précise de la situation et des devoirs de la Caisse et des Commissaires de la Caisse.

Aussi les observations placées dans les trois paragraphes suivants ne peuvent modifier en rien les conséquences légales déduites par nous de la loi de Liquidation et du mode spécial employé pour sa création.

———— ⟫⟪◆⟫⟪ ————

([1]) M. Pélissié du Ransas a soutenu (Revue Générale de Droit International Public T. II. 1895 p. 234 - 236) que les Commissaires représentaient chacun un groupe séparé de créanciers appartenant à sa nationalité, et étaient exclusivement délégués par leurs gouvernements respectifs pour sauvegarder les intérêts de ces groupes nationaux isolés. Entre eux n'existerait aucune communauté d'intérêts à confier aux soins de la Caisse.

M. Pélissié, selon moi, n'a pas assez tenu compte de la teneur et de la portée internationale de la loi de Liquidation. J'ai naturellement en vue, dans cet exposé, la situation théorique en droit international, (et non la manière d'agir pratique des Commissaires).

§. 3

2. Changements survenus dans la composition de la Caisse.

Au cours des négociations de l'année 1876, on avait eu en vue, originairement, de créer un contrôle international dont devaient faire partie trois Commissaires, un Anglais, un Français et un Italien. [1]

A la France et à l'Angleterre appartenait la majorité des créanciers; mais des sujets Italiens avaient également des intérêts en Egypte comme sur tout le littoral de la Méditerranée. Le projet d'adjoindre un Commissaire Italien aux deux premiers se basait de plus sur deux autres circonstances: d'abord, la première idée d'un contrôle financier international en Egypte était dûe au Ministre des affaires étrangères de France, qui avait proposé comme exemple la commission financière internationale fonctionnant à Tunis depuis 1870, et composée de délégués Français, Anglais et Italien; en second lieu, l'adjonction d'un troisième délégué pouvait atténuer des froissements éventuels entre les délégués Français et Anglais.

Aussi dans le projet de décret élaboré à cette époque, avait-il été décidé de demander à chacune des trois Puissances ci-dessus la désignation d'un Commissaire.

---

[1] Cf. Egypt. No 8 — (1876 vol. 83), et spécialement p. 7. les indications du Ministre des Affaires Etrangères de France au sujet du contrôle international à Tunis.

Mais la Grande-Bretagne refusa tont d'abord, comme nous l'avons déjà mentionné, cette désignation. Cela fut sans doute la raison pour laquelle le décret du 2 Mai 1876 n'indique aucune Puissance nominativement, mais parle seulement des "Gouvernements respectifs" que le Khédive devait inviter à désigner un Commissaire.

La demande adressée à la Grande-Bretagne étant demeurée sans effet, le Khédive s'adressa non plus seulement à la France et à l'Italie, mais encore à l'Autriche-Hongrie. Ce fut avec les trois Commissaires désignés par ces Puissances que la Caisse fut constituée à ses débuts. La déclaration imprécise du décret du 2 Mai 1876, d'après laquelle le Khédive devait demander "aux Gouvernements respectifs" la désignation des Commissaires, demeura en vigueur même après la promulgation du décret du 18 Novembre 1876. Mais ce dernier décret exigea formellement l'adjonction d'un Commissaire Anglais à la Caisse. L'Angleterre ayant continué, malgré cela, à refuser la désignation officielle de ce Commissaire, le Khédive, sur la proposition de l'Anglais Goschen, qui avec le Français Joubert avait obtenu du Gouvernement Egyptien la promulgation du décret du 18 Novembre 1876, nomma en conformité de ce décret Mr Baring. [1] — aujourd'hui Lord Cromer — qui depuis est devenu et resté Consul Général d'Angleterre en Egypte. Depuis la démission de Baring survenue en 1879, la Grande-Bretagne désigna elle-même le Commissaire Anglais.

De cette sorte, en 1880, lors de l'entrée en vigueur de la loi de Liquidation, la Caisse fonctionnait avec quatre Commissaires désignés par l'Angleterre, la France, l'Italie et l'Autriche. Le même état de choses continua pendant les années suivantes. En 1884 pour la

[1] Egypt. No2 1879 — (1878-79 vol 78).

première fois, lors de la conférence de Londres, et des
négociations diplomatiques qui s'y poursuivirent au sujet
des affaires de l'Egypte occupée militairement par l'Angleterre depuis 1882, l'Allemagne et la Russie revendi-
quèrent le droit de désigner, elles aussi, un Commissaire
dans la Caisse. (¹)

(¹) Egypt. N° 29. 1884 — (vol. 89. p. 465, 466, 478) Egypt
N° 4 et 5. 1885 (1884-85 vol. 88, p. 649 et suiv. en particul.
p. 704, 706-707, 714, 719-720, 744, 759-762, 764-766, 779).

Cf. Lettre du Consul Général d'Allemagne au Caire au Ministre égyptien des affaires étrangères en date du 11 Déc. 1884:

"La Commission de la Dette Publique Egyptienne..... était
composée, comme elle l'est actuellement encore, des Délégués de
l'Autriche-Hongrie, de la France, de la Grande-Bretagne et de
l'Italie. Le Gouvernement Impérial d'Allemagne, ainsi que celui de
Russie, n'a pas jugé nécessaire alors de s'y faire représenter, s'en remettant pour la défense de ses nationaux détenteurs de fonds Egyptiens
aux susdits Représentants des Puissances plus considérablement in-
téressées. Mais jamais l'Allemagne ne s'est désistée en principe de
son droit incontestable d'une participation directe dans ce contrôle
international, au moment où elle jugerait nécessaire de faire valoir
ce droit. Au contraire le Cabinet Impérial a constamment pris une
part directe à toutes les négociations qui ont eu pour but l'arrangement de la question financière égyptienne...... Aujourd'hui la question de fait s'est considérablement modifiée et la Commission de la
Dette Publique a acquis par la force des choses une importance
bien autrement grande que celle qu'elle avait à ses débuts. D'un
autre côté....... les faits........ ont prouvé que les droits et les intérêts
des créanciers pourraient facilement être compromis, sans trouver
dans la situation actuelle de la Commission internationale des garanties suffisantes.

En présence de ces faits, le Gouvernement Impérial ne croit
plus possible de s'en remettre par une abstention volontaire à
d'autres du soin de la défense, au sein de la Commission de la
Dette Publique Egyptienne, des droits et des intérêts de ses nationaux, et désire y être représenté directement.

L'importance actuellement acquise à la susdite Commission,
ne permet pas au Gouvernement impérial de s'abstenir plus longtemps d'une participation directe à une surveillance internationale exercée par toutes les grandes Puissances signataires
des Traités existants, à l'exception de l'Allemagne et de la Russie.
En conséquence, et en suite d'un échange préalable de vues entre
le Gouvernement de S. M. l'Empereur mon Auguste Maître et celui
de Russie, je suis chargé de demander au Gouvernement de Son
Altesse le Khédive l'admission d'un Commissaire Allemand dans la
commission de la Dette Publique, au même titre auquel y sont
admis les Commissaires Austro-Hongrois, Français, Anglais et Italien.»

A cette demande, les Gouvernements Egyptien et Britannique firent une opposition non sur le fond, mais sur la forme, en prétextant que d'après la loi de Liquidation arrêtée internationalement, le fonctionnement de fait de la Caisse avec les quatre Commissaires des Puissances déjà nommées, depuis l'entrée en vigueur de la dite loi, devait être considéré comme sanctionné par le droit international : que par suite l'Egypte n'avait plus le droit de nommer des Commissaires nouveaux sur la désignation des autres Puissances.

En réalité on doit admettre que d'après la situation de fait, d'après les réglementations particulières qui remontent à l'époque de la loi de Liquidation, d'après l'art. 20 du décret du 18 Novembre 1876 en ce qui concerne plus spécialement la Grande - Bretagne, la nomination dans la Caisse des Commissaires Anglais, Français, Italien et Austro-Hongrois avait pris, dès l'entrée en vigueur de la loi de Liquidation, un caractère international. Mais, chose à noter en même temps, d'après l'art. 39 de cette même loi, les dispositions générales du décret du 2 Mai 1876 paraissent avoir été maintenues avec ce sens, que le Khédive peut également demander aux Gouvernements respectifs des autres Puissances adhérentes à la loi de Liquidation la désignation d'un Commissaire.

En 1885 les grandes Puissances donnèrent d'un commun accord leur adhésion à la nomination de deux Commissaires Allemand et Russe, et en conséquence l'Egypte nomma ceux qui lui furent désignés par l'Allemagne et la Russie. On ne peut rien objecter à ce mode d'agir, parce qu'à ce point de vue la loi de Liquidation n'avait imposé aucune limitation au Khédive. Mais, au point de vue des autres Puissances adhérentes à la loi de Liquidation, ce même mode d'agir eût été irrégulier si l'interprétation Anglo-Egyptienne des dispositions de cette loi relative à la Commission de la Dette avait été fondée.

Ajoutons que la Turquie ayant également formulé le désir de désigner un Commissaire dans la Caisse, l'Allemagne s'y opposa, avec l'appui de l'Angleterre, pour cette raison spéciale qu'il n'était pas admissible que le pays suzerain de l'Etat dont la Dette était visée fût représenté dans la Caisse. La nomination d'un Commissaire Turc n'eut donc pas lieu.

Au cours des négociations diplomatiques, l'Allemagne avait motivé sa demande d'un Commissaire sur ce fait que ses nationaux possédaient, d'une façon indéniable, une forte part des emprunts de l'Egypte. La Russie avait également fait observer qu'une quantité nullement négligeable de titres Egyptiens se trouvait entre les mains d'un nombre de Russes d'ailleurs assez restreint. Mais elle avait motivé surtout sa demande (toute son argumentation là dessus trouve ici sa véritable place) sur ce fait que les affaires de l'Egypte et l'importance de la Caisse avaient subi progressivement des modifications politiques: de plus le principe de l'internationalisme et de l'intervention politique collective dans le règlement des affaires de l'Egypte était passé en règle, et en raison de ces circonstances la Russie devait, elle aussi, réclamer un Commissaire dans la Caisse. [1]

---

[1] Tout en restant d'accord avec le droit international, la Russie pouvait encore motiver sa demande sur une autre raison: eu égard aux atteintes portées aux droits des créanciers (cf. décis. du Ministre des Finances d'Egypte en date du 12 Septembre 1884), atteintes qui pouvaient se renouveler encore, la nécessité s'imposait «de donner à la Commission, par l'adjonction de Délégués Russe et Allemand, le caractère et l'autorité requises pour la sauvegarde des droits et des intérêts fondés sur des transactions internationales dont, pour notre part, nous ne saurions abandonner à d'autres le soin d'assurer le maintien.» Mais la Russie ajoutait qu'à l'instar des autres Puissances contractantes, elle voulait avoir un représentant

Il est hors de doute que les grandes Puissances Européennes se sont immiscées dans une mesure de plus en plus large dans les affaires intérieures de l'Egypte, et que la situation de celle-ci, au point de vue politique international, a subi par cela-même surtout depuis l'occupation anglaise de 1882 de très notables changements.

On ne saurait non plus méconnaître que la situation de la Caisse et de ses Commissaires ne pouvait échapper à l'influence de tels changements politiques; car la Caisse se trouve à raison même de ses occupations, en rapport inévitable avec l'administration générale des Finances et par là, d'une manière indirecte, avec l'ensemble des affaires de l'Etat Egyptien.

Toutefois cela ne change rien à ce fait que la Caisse et les Commissaires de la Caisse ont, d'après le droit international de la loi de Liquidation, un devoir unique et identique, à savoir de sauvegarder avant toutes choses les droits des créanciers en ayant égard, dans la mesure du possible, aux intérêts financiers généraux de l'Egypte.

Pour chacun des Commissaires, les cas de conflit avec les intérêts politiques particuliers de sa mère-patrie peuvent devenir beaucoup plus fréquents, et le faire considérer plus fréquemment aussi, comme politiquement circonvenu. En bien des cas également il peut devenir malaisé aux Commissaires eux-mêmes, dans l'exercice de leurs fonctions, de distinguer ces intérêts étrangers d'avec ceux qui font l'objet de la mission commune de la Caisse,

---

par l'organe duquel elle pût « veiller de son côté à ses intérêts et à l'observation des traités existants qui ne sauraient être enfreints sur un point sans être invalidés dans leur ensemble. » Le Gouvernement Anglais lui fit remarquer avec juste raison « que les motifs politiques mis en avant par la Russie n'étaient pas applicables à l'augmentation en nombre d'une Commission de fonctionnaires Egyptiens n'ayant dans l'état actuel des faits qu'un mandat purement financier, notamment en ce qui concerne la perception des revenus affectés au service de la Dette, ou la création de mesures dans l'intérêt des créanciers. »

Il n'en reste pas moins établi, en vertu du droit international, que la mission de la Caisse et de chacun des Commisssaires reste uniquement régie par le but commun assigné à tous, et non par les intérêts politiques particuliers de leurs pays d'origine.

Quand bien même toutes les grandes Puissances se seraient concertées, soit en 1885, soit depuis, pour faire des Commissaires de la Caisse des organes politiques de leurs pays d'origine (1) elles n'y seraient pas autorisées en droit, tant que la loi de Liquidation n'aurait pas été modifiée à cet effet avec l'assentiment de tous les autres Etats adhérents à cette loi. (2)

---

(1) On peut avancer qu'en fait il s'est présenté, dans ces dernières années, des cas où les Commissaires ont voté d'après les instructions de leurs Gouvernements respectifs.

(2) A l'encontre de tout caractère politique international dans la mission des Commissaires de la Caisse, on peut encore citer l'argument suivant: Par le décret international du 6 Mai 1890, les Puissances ont confié aux Commissaires le dépôt mais non l'emploi des économies résultant de la conversion. Elles n'avaient pu aboutir à une entente politique au sujet de cet emploi; mais elles en ont réservé la détermination à une entente politique ultérieure de leur part; elles n'ont rien abandonné là dessus à l'initiative de la Caisse, en la constituant dépositaire de ces disponibilités. (Kaufmann op. cit. p. 126, 144, 145. Cf. Documents diplomatiques, Affaires d'Egypte. (1884-93) p. 227-306 et surtout p. 292, 293).

§ 4.

3. Décret du 12 Juillet 1888 sur la Création d'un Fonds de Réserve général.

Les considérations précédentes restent également applicables à l'égard du décret de 12 Juillet 1888 relatif à la constitution du Fonds de Réserve général.

D'après l'art. 3 de ce décret, les ressources du Fonds de Réserve doivent servir non seulement à parfaire éventuellement les sommes nécessaires au service de la Dette et celles affectées au budget internationalement fixé de l'Egypte, mais encore à pourvoir à des dépenses extraordinaires (¹) de l'Etat Egyptien engagées

---

(¹) Il avait été formellement déclaré, non dans le décret du 12 Juillet 1888, mais dans le projet originairement soumis par le Gouvernement Egyptien aux Puissances, que le fonds de Réserve devait être créé dans l'intérêt du maintien de l'équilibre budgétaire et du service de la Dette, en tenant compte de ce que d'une part des événements extraordinaires ou de force majeure pourraient nécessiter des dépenses extraordinaires, et d'autre part que des causes imprévues pourraient maintenir les recettes de l'impôt au dessous des prévisions du budget (Documents diplomatiques, affaires d'Egypte 1884-93 p. 126).

En 1892, le ministère des finances Egyptien demanda à la Caisse de lui accorder sur le fonds de Réserve un prélèvement de 13.350 L. E., à titre de crédit extraordinaire, pour des travaux devenus indispensables par suite de circonstances exceptionnelles, qui avaient amené une crue excessive du Nil. Dans sa réponse du 17 Décembre 1892, la Caisse fit une distinction entre les dépenses purement imprévues, qui devaient être mises à la charge des ressources budgétaires ou autres du Gouvernement, et les dépenses réellement extraordinaires; elle repoussa la demande du Gouvernement parce qu'il s'agissait, dans l'espèce visée, d'une dépense de la première catégorie, et non de la seconde.

(Comptes-Rendus de la Caisse. 1892 p. 87-89.)

avec l'assentiment de la Caisse : Ce sera surtout dans l'exercice de ces dernières et nouvelles fonctions qu'il sera difficile à chaque Commissaire, en face des circonstances actuelles, d'avoir exclusivement en vue cette mission de la Caisse, commune et identique pour tous, qui consiste d'un côté à sauvegarder les droits des créanciers, de l'autre à avoir égard aux intérêts et aux nécessités de l'Egypte.

C'est précisement dans l'exercice de ces mêmes fonctions, que des Commissaires pourront fréquemment paraître circonvenus par les intérêts politiques particuliers de leurs pays d'origine. Mais la teneur du décret n'apporte aucune modification à la mission égale et commune qui incombe aux Commissaires de prendre pour seule règle de conduite, dans l'exercice de leur mission, les intérêts des créanciers associés dans la mesure du possible à ceux de l'Egypte.

Dans nos précédents développements, nous avons supposé le décret du 12 Juillet 1888 accepté par toutes les Puissances qui ont adhéré à la loi de Liquidation et aux Conventions de 1885. Nous n'avons pu arriver là dessus à aucune certitude : du préambule de ce décret résulte seulement que les Puissances signataires de la Convention du 17 Mars 1885 lui ont donné leur assentiment. (¹)

Si donc l'adhésion ne provenait que des grandes Puissances Européennes et de la Turquie, le décret ne pourrait, d'après le droit strict, apporter aucune modi-

---

(¹) Les Puissances signataires de la Déclaration du 17 Mars 1885 étaient à l'origine les six grandes Puissances et la Turquie. Elles s'engageaient toutefois dans cette Déclaration à demander l'adhésion des autres Puissances qui avaient pris part à l'organisation des Tribunaux de la Réforme. Cette adhésion fut obtenue également pour les Conventions de 1885. Aussi se pourrait-il que dans le texte du décret du 12 Juillet 1888, on ait entendu sous le nom de « Puissances signataires » également les autres Puissances.

fication à la loi de Liquidation et aux Conventions internationales de 1885. La création du Fonds de Réserve, dont les ressources proviennent principalement d'une suspension de l'amortissement des Dettes de l'Etat organisé internationalement par les Conventions de 1885, n'aurait plus alors qu'une base légale insuffisante, et alors aussi, à les envisager strictement, les dispositions du décret relatives à l'emploi de ce fonds, et plus spécialement celles relatives aux dépenses extraordinaires à prélever sur lui, ne seraient plus fondées en droit.

Mais à supposer même que les modifications apportées par le décret du 12 Juillet 1888 aux fonctions des Commissaires ne soient pas valables en droit strict à l'encontre de leurs devoirs fixés internationalement par les décrets de 1880 et 1885, le devoir n'en ressortirait que plus clairement pour les Commissaires d'exercer leurs fonctions nouvelles dans le seul sens et pour le seul but qui avaient été précisés par les Conventions internationales antérieures ; ainsi, pour toutes les attributions confiées à la Caisse par le décret de 1888, et tout spécialement pour l'autorisation de dépenses extraordinaires sur le fonds de Réserve, ils devront avoir exclusivement en vue la mission de la Caisse commune et identique pour tous, et non les intérêts politiques particuliers de leurs pays d'origine.

§ 5.

4. Influence de l'occupation Britannique sur l'attitude des Commissaires.

———

Aux devoirs fixés par le droit international depuis 1880 à la Caisse et aux Commissaires de la Caisse, l'occupation Britannique de 1882 ne pouvait rien modifier. Mais depuis cette occupation, il est fréquemment survenu, d'une part une certaine association entre les intérêts anglais et ceux de l'Egypte, d'autre part en raison des rivalités politiques de la France et de l'Angleterre, une certaine opposition entre les intérêts français et les intérêts égyptiens (¹). D'où résulte une possibilité plus fréquente de conflit entre les intérêts politiques de la France et ceux dont la tutelle appartient à la Caisse.

Mais d'autre part, depuis l'occupation anglaise de l'Egypte, les chances de conflit entre les intérêts britanniques et les intérêts généraux confiés à la Caisse sont encore beaucoup plus imminentes. Car depuis lors, l'Angleterre, pour des raisons politiques, met facilement les intérêts des créanciers au dessous des intérêts généraux de l'Egypte, et d'ailleurs le plus souvent les intérêts égyptiens ne servent manifestement que de pré-

———

(¹) Nous ignorons à quels faits l'auteur se réfère. L'Egypte a un intérêt primordial, qui prime tous les autres, la disparition de l'occupation Anglaise : cet intérêt se trouvera toujours en antagonisme avec les seuls intérêts britanniques, et en accord complet avec les intérêts de la France et des autres Puissances.

(N. de la Traduction.)

texte aux actes de l'Angleterre pour favoriser les intérêts britanniques, dont l'objectif est de consolider la domination de l'Angleterre sur l'Egypte et d'étendre la sphère d'influence anglaise dans la vallée du Nil. Aussi depuis cette époque les Commissaires Français et Anglais paraîtront plus souvent subir par rapport à certaines affaires de la Caisse une influence politique.

Enfin, à l'égard des questions Egyptiennes, les autres Puissances Européennes se groupent politiquement d'après leurs vues communes de politique européenne internationale : cette même influence politique peut s'exercer dans la même mesure sur les Commissaires désignés par les autres grandes Puissances.

II.

MODE DE VOTATION DE LA CAISSE.

———— ✳ ————

§. 6

1. Dispositions explicites et précédents.

————

A propos du mode de votation, nous examinerons dans ce qui suit quel nombre de Commissaires doit être réuni pour prendre part à une délibération, et quel nombre de suffrages doit être réuni pour que leur décision soit valable.

Les dispositions légales relatives à la Caisse n'offrent en ce qui concerne son mode de votation que les données positives suivantes :

Le décret du 2 Mai 1876 qui a créé la Caisse, ne déclare expressément la simple majorité suffisante que pour une catégorie de délibérations: le Gouvernement Egyptien ne peut faire dans les impôts affectés à la Dette de changements qui pourraient avoir pour conséquence une diminution dans le rendement de ces impôts sans l'assentiment de la Caisse. Et pour cet assentiment la simple majorité des voix suffit (1). Le décret mentionne

————

(1) Décret du 2 Mai 1876, art. 8 — "Le Gouvernement ne pourra sans l'avis conforme des Commissaires qui dirigent la Caisse de la Dette Publique, pris à la majorité, porter dans aucun des impôts spécialement affectés à la Dette des modifications qui pourraient avoir pour résultats une diminution de la rente de cet impôt."

également d'une manière spéciale que le Gouvernement Egyptien ne peut contracter d'emprunt qu'avec l'assentiment préalable des Commissaires de la Caisse ([1]). Plus loin il règle les fonctions de la Caisse d'une façon qui rend indispensables pour les Commissaires de continuelles délibérations administratives. Mais le décret ne contient aucune mention explicite, ni sur le mode de votation dans la question des emprunts de l'Etat, ni dans les autres décisions de la Caisse en général sur le point de savoir si l'unanimité est nécessaire ou si la simple majorité suffit. ([2]) Toute mention fait également défaut sur le point de savoir si les décisions de la Caisse ne peuvent être prises qu'en présence ou avec le concours de tous les Commissaires ; ou dans le cas contraire, si et sous quelles conditions l'absence ou l'abstention d'un ou plusieurs Commissaires peut être indifférente à la force exécutoire et à la validité de la délibération.

Les décrets postérieurs, notamment le décret du 18 Novembre 1876 et la loi de Liquidation du 17 Juillet 1880 ne donnent aucune autre disposition explicite sur le mode de votation de la Caisse. Depuis, dans un cas déterminé où le Gouvernement Egyptien |était formellement astreint à obtenir l'assentiment de la Caisse, l'unanimité fut exigée : lorsque en 1888 le Gouvernement voulut faire une loi sur le timbre et les patentes, obligatoire même pour les étrangers vivant en Egypte, il demanda aux Puissances, sans l'assentiment desquelles

---

([1]) Décret du 2 Mai 1876. — Art. 9. Ces emprunts tout exceptionnels qu'ils sont ne pourront être contractés qu'après l'avis conforme des Commissaires Directeurs de la Caisse.

([2]) Décret du 2 Mai 1876. — Art. 5. Les Commissaires délégués, comme il est dit plus haut, auront la direction de la Caisse spéciale de la Dette Publique.

Dans l'art. 4 du décret du 2 Mai 1876 il est dit: les actions qu'au nom et dans l'intérêt des créanciers en grande partie étrangers la Caisse et pour elle ses directeurs croiront avoir à exercer contre l'administration financière, représentée par le Ministre des Finances....

cette loi contraire aux Capitulations ne pouvait être étendue aux étrangers, de déléguer aux Commissaires de la Dette, dans un but de célérité, leur droit d'assentiment. Les Puissances déclarèrent s'y prêter mais la France et la Russie y mirent comme condition expresse que l'unanimité des Commissaires serait indispensable (¹). Par une lettre du 26 Décembre 1889 la Caisse informait le Ministre des Finances que ses Commissaires soussignés approuvaient à l'unanimité le projet de loi sur les patentes arrêté après un échange de vues entre la Caisse et le Gouvernement ; cette lettre était seulement signée de cinq Commissaires : il y manquait le nom du Commissaire Italien (²). Cela paraît provenir de ce que le Commissaire Italien précédent, Mʳ Machiavelli, avait démissionné le 3 Octobre 1889, et de ce que son successeur Mʳ Morana, nommé par le décret du 12 Décembre 1889, n'était pas encore arrivé au Caire, ou tout au moins n'avait pas encore pris part aux délibérations de la Commission. (³)

(¹) Documents diplomatiques Français. Affaires d'Egypte 1884-93 p. 336-337 — Comptes-Rendus de la Caisse 1889 p. 150-154 — La lettre du Consul Général de France au Caire au Ministre Egyptien des affaires étrangères, porte :
" Il devra être entendu que les attributions législatives données en cette circonstance aux Commissaires de la Caisse de la Dette ont un caractère exceptionnel, et ne constituent à aucun degré une extension de compétence pour l'avenir.
En second lieu cette Commission ne sera admise à émettre de décision valable qu'à l'unanimité des membres qui la composent."
La lettre relative au même sujet du Consul Général de Russie porte:
" Les décisions que devront émettre les Commissaires de la Dette sur les projets de loi qui leur seront soumis devront pour être valables réunir l'unanimité des membres de la Commission."
Le Gouvernement Egyptien accepta ces conditions et communiqua à la Caisse son acceptation.
(²) Voir cette lettre, Compte-Rendu de la Caisse pour 1889. p. 154.
(³) Cf. Liste des départs et des nominations des Commissaires dans le Compte-Rendu de la Caisse pour 1894 p. 165.

Le décret du 12 Juillet 1888 sur la création d'un Fonds de Réserve général, qui est particulièrement important au point de vue du litige actuellement pendant, ne relate aucune disposition concernant le mode de votation de la Caisse, dans l'exercice des fonctions dont elle est investie par ce même décret. L'art. 3 § 3 mentionne simplement que l'assentiment préalable de la Caisse est à obtenir (¹) pour imputer sur le Fonds de Réserve des dépenses extraordinaires du Gouvernement Egyptien.

En fait de précédents, un seul est à ma connaissance (²).

D'après l'art. 38 de la loi de Liquidation du 17 Juillet 1880 (voir aussi l'art. 4 du décret du 2 Mai 1876) les Commissaires de la Caisse sont en leur qualité de représentants légaux des créanciers des Dettes de l'Etat, habilités à poursuivre devant les Tribunaux internationaux de la Réforme, l'administration financière Egyptienne représentée par le Ministre des Finances, à raison du maintien ou de l'exécution des engagements concernant les Dettes de l'Etat, tels qu'ils résultent de la loi de Liquidation.

En présence d'une décision du Ministre des finances Egyptien en date du 18 Septembre 1884 qui violait ces engagements, la majorité des Commissaires dont le nombre était alors de quatre seulement, à savoir les Commissaires Français, Italien et Austro-Hongrois décidèrent

---

(¹) Art. 3 § 3 . . . . A des dépenses extraordinaires engagées conformément à l'avis préalable de la Commission de la Dette.

(²) Je n'ai d'ailleurs à ma disposition qu'une partie des Comptes-Rendus annuels de la Caisse. Mais les principes exposés ci-dessous ne pourraient être que difficilement modifiés : même si quelques précédents se rencontraient dans les autres Comptes-Rendus, ils ne seraient naturellement pas immédiatement décisifs.

de recourir aux voies judiciaires, tandis que le Commissaire Anglais ([1]) avait désapprouvé cette décision de ses collègues. Les défendeurs avaient soulevé contre cette action, intentée seulement par les trois Commissaires susnommés, une exception fondée sur ce qu'elle n'était pas émanée de tous les Commissaires. Cette exception fut repoussée par un jugement du Tribunal mixte du Caire en date du 9 Décembre 1884, dans les termes suivants : « . . . . . . Attendu que d'après les art. 38 de la loi de Liquidation, 4 et 8 du décret du 2 Mai 1876, il n'y a pas lieu d'exiger que l'action émane de l'unanimité des Commissaires : que tout au plus on pourrait exiger, d'après leurs dispositions, que l'action émane de leur majorité ; que c'est d'ailleurs une règle générale que chaque mandataire peut entreprendre séparément des actes relatifs à l'administration commune, si le mandat ne spécifie pas les fonctions ou ne stipule pas expressément que les uns ne pourront agir sans les autres. » ([2])

Il semble qu'à l'occasion de l'exception qui lui était soumise, le Tribunal eut à se prononcer, non sur le point de savoir si une délibération de la Caisse pouvait être valablement prise à la simple majorité, mais seulement

---

([1]) Ce cas permet de remarquer quelle importance peuvent avoir, pour les décisions soit passées soit futures de la Caisse, des circonstances politiques venant influer dans les affaires de la Caisse sur la direction administrative de celle-ci ou sur les Commissaires. La décision en question du ministre Egyptien des finances eût été difficilement prise sans une entente préalable avec les représentants de la Puissance qui occupe l'Egypte. Cette décision n'était pas née d'un pur caprice : mais elle avait porté atteinte aux droits acquis des créanciers fondés sur la loi de Liquidation, en vue de créer des ressources qui faisaient alors défaut pour faire face à d'autres nécessités de l'Etat.

([2]) Compte-Rendu de la Caisse pour 1884 — p. 85-130.

sur celui de savoir si la Caisse pouvait être représentée au dehors par une simple majorité.

La Caisse s'est donné, suivant toute apparence, un règlement de service intérieur (¹), et celui-ci doit contenir vraisemblablement certaines dispositions réglementaires concernant son mode de votation. Mais les dispositions à cet égard d'un règlement intérieur émanant de la Caisse même ne sauraient avoir de valeur légale par elles-mêmes et de plein droit (²).

En effet la Caisse est liée par les principes de droit international créés par les Puissances et sur lesquels reposent son existence, son mouvement, ses fonctions et son organisation.

En pratique la Caisse paraît avoir admis comme principe de son administration: que ses décisions pour les affaires administratives de moindre importance, même si quelques Commissaires seulement étaient présents au Caire, pourraient être prises et exécutées par eux en

---

(¹) L'art. 5 du décret du 2 Mai 1876 porte:

" Ils (les Commissaires de la Caisse) pourront confier à l'un d'eux les fonctions de président, lequel en donnera avis au Ministre des Finances."

Aucun président n'a été nommé, mais on a créé la charge ou la fonction de "Commissaire de service" qui parait alterner régulièrement entre tous les Commissaires.

(²) A l'égard du fonds de Réserve la Caisse a effectivement voté le règlement suivant; "aucun prélèvement soit immédiat, soit éventuel ne pouvant être accordé qu'à la majorité de quatre voix, les membres absents seront consultés s'il y a lieu. En tous cas tous les membres absents recevront communication des décisions prises." Le Gouvernement Egyptien a cherché et cherche encore à invoquer ce règlement pour défendre la validité de la décision de la Caisse en date du 26 Mars 1896 prise à la simple majorité des voix. Le passage ci-dessus est la réfutation anticipée et complète du moyen invoqué.

(N. de la Traduction).

son nom; (¹) qu'au contraire, pour les affaires plus importantes, il ne pourrait être statué qu'avec le concours de tous les Commissaires, et que notamment ce concours redeviendrait nécessaire quand un des Commissaires l'exigerait.

Indépendamment des décisions à prendre, sans contestation possible (²), à la simple majorité par application du décret du 2 Mai 1876 (consentement à des modifications aux impôts affectés) il paraît qu'au cours des années, un certain nombre d'autres décisions ont été prises à la simple majorité des suffrages, et mises ensuite à exécution (³).

Nous avons déjà cité un cas, en 1884, où une décision fut prise à la simple majorité, sur une action à intenter contre le Gouvernement Egyptien.

On pourrait peut-être citer dans le même ordre d'idées un autre précédent (sauf à savoir quelle était la portée de la réserve du Commissaire Français relatée

---

(¹) Cf. Compte-Rendu de la Dette pour 1889 — p. 51-55 A la date du 28 Octobre la Caisse à l'unanimité des deux membres présents, avait repoussé en principe une demande du Ministre des Finances relative au renouvellement d'une avance de fonds. A la date du 30 Octobre 1889 le Ministre demanda à la Caisse de soumettre sa demande, en raison de son importance, à une deuxième délibération, lorsque les Commissaires de la Caisse se retrouveraient réunis au complet. La Caisse y consentit, et confirma expréssement à la date du 9 Novembre 1889 la décision prise le 28 Octobre par les deux Commissaires.

(²) Ces cas n'ont pas besoin, par suite, d'une mention spéciale.

(³) Du moins cela paraît devoir résulter des nouvelles fournies tout récemment par les feuilles publiques. Cela semble également vraisemblable d'après la nature des circonstances actuelles; mais les documents que j'ai à ma disposition ne me permettent de citer, comme on le voit d'après le texte, que fort peu d'indications positives de pareils cas. En ce qui concerne les Commissaires Français et Russe, ils paraissent avoir fait à l'origine certaines réserves, quand la Caisse décida d'autoriser le Gouvernement Egyptien à créer un impôt foncier, destiné à rendre possible l'abolition de la Corvée et à en consacrer le produit à des travaux publics. Cf. Documents diplomatiques, Affaires d'Egypte 1884-93. p. 262.

plus bas). D'après une lettre au Ministre des finances en date du 5 Avril 1894, la Caisse avait réglé définitivement ses comptes avec le Ministère des Finances pour l'exercice du 1893, établis en conformité d'une autre lettre de la Caisse en date du 1er Avril précédent. Quoique aucune mention n'en fût faite dans cette lettre, la Caisse mit à la disposition du Gouvernement Egyptien, conformément aux dispositions légales en vigueur, sur les ressources gérées par elle, les excédents nécessaires pour parer à l'insuffisance des revenus non affectés et pourvoir ainsi aux nécessités de l'Egypte.

Mais le Commissaire Français avait fait, d'après la lettre du 5 Avril 1894, des réserves formelles à la signature de ce compte, motivées sur ce que l'augmentation du déficit, que l'on demandait de combler avec les excédents des revenus affectés, résultait de dépenses engagées par le Gouvernement Egyptien sans entente préalable avec la Caisse: [1] pareille restriction fut faite par le Commissaire Français lors du règlement définitif de l'exercice 1894. [2]

J'ignore si déjà auparavant la Caisse avait consenti, à la simple majorité des voix, sur le Fonds de Réserve général des prélèvements pour une dépense extraordinaire du Gouvernement Egyptien (3)

Autant que j'ai pu m'en convaincre, aucun cas ne s'est produit où la Caisse ait usé à la simple majorité

---

[1] Cf. Compte-Rendu de la Caisse de la Dette 1893. p. 73.

[2] Cf. Compte-Rendu de la Caisse de la Dette 1894. p. 72.

[3] Dans une lettre du 8 Août 1891 (Compte-Rendu de la Caisse de la Dette 1891. p. 100.) le Commissaire de service informe le Ministre des Finances que les Commissaires présents, tant en leur propre nom qu'en celui de leurs collègues momentanément absents, accordaient sur le Fonds de Réserve les dépenses extraordinaires nécessaires pour la reconstruction du palais d'Abdine. Ainsi dans ce cas particulier l'assentiment des Commissaires absents paraît avoir été expressément demandé.

du droit qui lui était conféré par la loi de Liquidation de consentir à l'émission d'un emprunt du Gouvernement Egyptien. D'après une lettre de la Caisse au Ministre Egyptien des Finances, en date du 20 Mars 1890, la majorité de la Caisse était d'avis à cette époque de donner au Gouvernement Egyptien le consentement sollicité d'elle pour l'émission d'un emprunt de 1750000L.E. Mais elle se laissa ensuite dissuader par les observations de quelques Commissaires sur l'inopportunité momentanée de cet emprunt. ([1])

Le Commissaire Français avait déclaré vouloir demander tout d'abord l'avis de son Gouvernement: En raison de quoi la Commission avait résolu de différer l'envoi de la lettre jusqu'au 19 Mai 1890 et de mentionner éventuellement, si le Commissaire Français refusait son adhésion, que la décision n'était prise qu'à la simple majorité.([2])

([1]) Compte-Rendu de la Caisse de la Dette 1889. p. 148, 149. D'après la lettre du 25 Juin 1889 (ibid. p.141) la Caisse paraît avoir adhéré l'année d'avant à l'unanimité à une demande d'emprunt formulée à cette époque, sous la condition que les Puissances donneraient l'assentiment requis au décret dont la confection était alors projetée.

([2]) Documents Diplomatiques (Français). — Affaires d'Egypte 1884-93. p. 284. 288.

§ 7.

2. Du Mode de Votation en Général.

———

Abstraction faite des catégories spéciales de délibérations mentionnées plus haut, pour lesquelles la
simple majorité est déclarée suffisante, le mode de votation de la Caisse n'avait pas été lors de sa création régle-
menté d'une façon générale et explicite: il ne le fut pas
davantage dans la suite, en dehors du cas spécial ci-dessus
relaté, et dans lequel il était formellement prescrit d'obtenir l'unanimité.

Aussi la question du mode de votation concernant les
délibérations de la Caisse en général (¹) ne peut être
résolue qu'à l'aide de considérations générales empruntées
à la nature des circonstances et fondées sur les devoirs
collectifs et les fonctions de la Caisse, les devoirs collectifs
et la situation légale des Commissaires.

———

(¹) Dans mon étude parue en 1891 et intitulée: le Droit international de la Dette Egyptienne, j'avais, concernant le mode de votation de la Caisse, exposé ce qui suit: (p. 139 note 13)

D'après le décret du 2 Mai 1876, il suffit d'une décision de la
majorité de la Caisse pour autoriser une modification sur des revenus
engagés. Cette disposition pourrait être interprétée par extension
en ce sens qu'en général la Caisse peut, dans les affaires administratives qui lui sont confiées, décider à la majorité et non à l'unanimité des voix. Autrement son action administrative qui se compose
d'une grande quantité d'actes isolés deviendrait presque impossible
dans la pratique. Que cette interprétation ait été admise par les
Puissances, c'est ce qui résulte du fait que, dans un cas particulier
où les Puissances jugeaient l'unanimité de la Caisse nécessaire pour
une résolution spéciale qu'elles étaient chargées de prendre, elles
l'ont stipulée expressément: c'est ce qui est arrivé lorsque les Puis-

D'après les fonctions confiées à la Caisse depuis sa création, elle a été vouée dès ses débuts à une activité administrative continue, qui ne pourrait être réalisée pour la Caisse qu'à la condition de prendre incessamment, toujours à nouveau, des décisions sur une foule d'actes distincts.

Si nous considérons le but déjà exposé et la mission collective de la Caisse qui consiste à sauvegarder les droits et intérêts des créanciers de l'Etat Egyptien, en ayant égard dans la mesure du possible aux intérêts financiers généraux de cet Etat, l'exercice même des fonctions de la Caisse traçait aux divers Commissaires qui y sont appelés une mission administrative commune à laquelle tous devaient faire face dans une mesure égale, avec la même indépendance et les mêmes obligations.

Ainsi donc dès l'origine et plus encore depuis la loi de Liquidation basée sur le droit international, qui leur a donné l'obligation de sauvegarder les droits et intérêts de la collectivité des créanciers, sans distinction de nationalité, les Commissaires de la Caisse forment une assemblée dont les membres sont tenus de poursuivre

---

sances ont autorisé le Gouvernement Egyptien à légiférer, d'accord avec la Caisse, sur les impôts de timbre et de patente qui devaient également frapper les étrangers. . . . . (Cf. Revue de droit international 1891 - N⁰ 3 p. 287.)

Sans doute, par d'autres motifs, j'arrive encore aujourd'hui, comme le texte le démontre, à une conclusion analogue. mais toutefois avec une restriction. Car maintenant, je distingue entre les actes administratifs ordinaires et les actes administratifs extraordinaires ou inusités, et je n'admets plus que pour les actes administratifs ordinaires le principe de la simple majorité.

Une deuxième restriction sur laquelle j'insiste aujourd'hui particulièrement, en raison des évènements récents, est la suivante: je regarde l'unanimité comme indispensable si une décision de la Caisse vient à être prise en vue d'intérêts politiques particuliers. Mais cette restriction, à la regarder de près, n'en est pas une, car je tiens pour inadmissible en droit que les Commissaires aient la faculté de voter d'après le criterium des intérêts politiques particuliers de leurs pays d'origine,

exclusivement un seul et même but administratif. Dès lors une divergence dans le vote des Commissaires, au sujet des actes particuliers d'administration qui leur sont soumis, ne peut provenir, s'ils procèdent conformément à leurs devoirs, que d'une divergence subjective d'opinion relativement au meilleur moyen de remplir cette mission commune et identique pour tous. Toutefois, d'après notre humaine nature, au cours d'une activité administrative continue, il est impossible d'éviter de fréquentes divergences de vues entre les membres d'une pareille assemblée sur la meilleure manière d'atteindre un but administratif d'ailleurs identique pour tous. D'autre part, il est absolument nécessaire, pour que le but administratif ainsi défini pût être sauvegardé, d'obtenir la participation constante de tous les membres aux actes administratifs en question, quelle qu'en soit d'ailleurs la matière.

Pour l'observation constante de ce but il est nécessaires, et, grâce à la communauté de ce but, il est possible que, dans une assemblée administrative pareille à celle formée par les Commissaires de la Caisse, des décisions sur des *actes d'administration courante* soient prises valablement à la simple majorité. (Cela s'entend des seuls actes qui reviennent habituellement dans le cours d'une administration de ce genre). De même une délibération sur des actes administratifs de moindre importance pourra être tenue pour valable, même si un ou plusieurs membres de la Commission n'y ont point pris part de la manière prescrite. Car des empêchements occasionnels et temporaires sont inévitables pour ses membres dans le cours d'une administration continue.

A défaut de dispositions légales explicites, on peut consulter les conditions particulières de la pratique et de la réglementation éventuelle de l'administration de la Caisse pour trancher la question de savoir s'il faut pour la validité d'une délibération tout au moins le concours de la majorité des membres, ou si, comme la chose paraît avoir eu lieu dans la pratique de la Caisse, il suffit en certaines circonstances du concours de la minorité d'entre eux, en cas d'empêchement légitime des autres. Mais la Caisse paraît avoir considéré en pratique comme indispensable le concours de tous les Commissaires pour les délibérations d'une nature plus importante même si elles peuvent conserver les caractères d'actes d'administration ordinaire.

Cette façon de procéder doit être, à défaut de dispositions légales expresses, considérée comme conforme au droit.

Enfin, à défaut de dispositions légales explicites, pour les décisions d'une nature *extraordinaire* ou d'une importance *inusitée* qui sortent du cadre de l'administration courante habituelle, le principe de la simple majorité ne peut plus être admis comme la règle. Car il manque pour son admission le motif qu'on pouvait invoquer plus haut, à savoir qu'une administration de ce genre ne peut fonctionner d'une manière continue qu'avec le système de la simple majorité. L'acte en question, extraordinaire ou inusité, sort du caractère habituel et courant des affaires normales de cette administration : c'est un incident d'espèce particulière, sur lequel il ne pourra être statué qu'en ayant égard au but commun de la Caisse, identique pour tous ses membres, et seulement si la décision rencontre l'unanimité de tous ses membres.

Naturellement l'appréciation, d'après les circonstances, du caractère extraordinaire ou inusité d'un acte administratif sera incertaine et délicate. Quant à cette appréciation même, pouvant se rencontrer fréquemment au cours de l'administration de la Caisse, elle sera, comme tout acte d'administration courante, valablement faite à la simple majorité. Cela n'empêche d'ailleurs nullement, dans le cas de la Caisse, les créanciers de pouvoir trouver dans une décision de cette nature une lésion de leurs droits, et de produire des réclamations motivées sur son irrégularité.

Aux termes de l'art. 3 § 3 du décret du 12 Juillet 1888, l'assentiment de la Caisse est toujours exigé pour le prélèvement des dépenses extraordinaires de l'Etat sur les ressources du Fonds de Réserve général. Il serait néanmoins inexact de considérer les décisions de la Caisse en pareille matière soit toujours, soit jamais, comme des actes extraordinaires ou inusités.

Une décision de cette nature n'est pas un acte extraordinaire par ce seul fait qu'elle vise une dépense extraordinaire de l'Etat. Si la dépense est qualifiée extraordinaire, c'est par opposition aux dépenses normalement prévues du budget de l'Etat. Mais la décision sur cette dépense extraordinaire est extraordinaire elle-même si elle ne se rencontre pas nécessairement dans le cours habituel et continu des décisions administratives de la Caisse. D'autre part, cette décision n'est pas un acte d'administration ordinaire par ce seul fait que dans le décret du 12 Juillet 1888 une décision de la Caisse est exigée d'une manière générale pour autoriser toutes les dépenses extraordinaires en question. C'est de l'importance exceptionnelle ou du but exceptionnel de la dépense extraordinaire projetée que dépendra bien plutôt, dans chaque espèce, la question de savoir si la décision de la Caisse constitue ou non un acte extraordinaire ou inusité.

§ 8.

3. Du Mode de Votation de la Caisse, en cas d'influences politiques sur les Commissaires.

Nous avons exposé plus haut que les Commissaires ont à notre avis, de par le droit international, des obligations exclusivement identiques dans leurs relations avec les créanciers et le Gouvernement Egyptien, et qu'en raison de leur situation légale basée sur le droit international ils ne pouvaient pas s'inspirer, dans leur participation aux affaires de la Caisse, des intérêts politiques particuliers de leurs pays d'origine.

Mais nous avons mentionné en même temps à ce propos, que dans la pratique, en nombre de cas, la mission et la situation des Commissaires ont été interprétées et traitées différemment: qu'en fait les Commissaires paraissent agir et voter en certains cas non comme une simple assemblée administrative, en vue d'une mission administrative commune et identique pour tous, mais comme des agents politiques de leurs Gouvernements d'origine, d'après les intérêts politiques particuliers de ces derniers.

Que cette attitude politique des Commissaires soit ou non admissible en droit, le fait même qu'en pratique elle se produit à l'égard des affaires de la Caisse, amène fatalement la question de savoir quelle influence peut exercer l'immixtion de cet élément politique sur le mode de votation de cette assemblée.

L'administration qui lui incombe est collective et continue: tous ses membres ont des obligations identiques et communes à assumer, un but identique et commun à rechercher. Il est donc admissible et plausible de tenir compte des nécessités indispensables à la réalisation continue de ce but administratif; et même en l'absence de dispositions légales explicites, d'admettre et d'appliquer le principe de la simple majorité, en ce qui concerne les décisions administratives courantes de cette assemblée.

Mais dans l'hypothèse où les membres d'une assemblée ont, dans cette assemblée même, des intérêts différents à poursuivre et des devoirs différents à assumer, dans l'hypothèse où il n'existe pas d'une façon générale et par avance une identité et une communauté de devoirs et de but administratif pour toute l'assemblée, dans cette hypothèse, à défaut d'une disposition légale formelle, le principe de la simple majorité ne saurait être ni reconnu ni admissible.

Car alors la communauté, l'identité du but et des obligations de tous les membres ne résulte d'une manière concrète que de la rencontre des buts particuliers et des obligations particulières de chacun d'eux. Et leur coïncidence ne se manifeste que par l'unanimité des suffrages, dans chacune des affaires soumises séparément à l'assemblée.

En dépit des influences de la politique il semble bien résulter, d'après la nature et l'objet des affaires de la Caisse, qu'elles doivent être considérées encore en majeure partie comme purement administratives et dirigées par les Commissaires conformément à la destination unique de la Caisse, vers le but commun déjà défini: " la sauvegarde des intérêts des cr´anciers tenant compte dans la mesure du possible des intérêts financiers généraux de l'Egypte. Toutes les fois que cela se produit, toutes les fois que les affaires de la Caisse restent purement et simplement des affaires d'administration commune, en tous ces cas encore maintenant la mission de chaque Commissaire demeure une mission d'administration commune, identique pour tous: en tous ces cas on peut encore admettre et accepter, en considération des nécessités de l'administration continue de la Caisse, que les décisions des Commissaires sur ces questions de pure administration courante pourront être prises valablement à la simple majorité des suffrages.

Mais quand, au contraire, à l'égard d'une affaire de la Caisse, tous les Commissaires s'inspirent des intérêts politiques particuliers de leurs pays d'origine, alors disparaît cette identité préalable du but administratif, et la nécessité s'impose pour toute décision dans ces sortes d'affaires d'obtenir l'unanimité des voix ([1]).

Mais il est également possible dans les affaires de la Caisse que pour un ou quelques Commissaires les intérêts politiques de leurs pays d'origine soient prédominants, tandis que les autres Commissaires envisagent la même question au point de vue administratif commun. Dans ce cas la question du mode de votation devient particulièrement epineuse, et l'on doit se déterminer par les considérations suivantes :

Tant que l'action des Commissaires a pour mobile un but administratif commun et identique pour tous, il suffira, d'après nos développements précédents, de la simple majorité pour prendre une décision d'administration courante et modifier en vertu de cette décision l'état de choses existant.

([1]) M.Pélissié du Rausas se borne à déclarer que l'unanimité est nécessaire pour les décisions de la Caisse. A son point de vue cela est logique, car d'après lui chacun des Commissaires a seulement à représenter des intérêts particuliers, et non des intérêts communs et identiques pour tous.

Mais dès que les circonstances politiques, dès que les intérêts politiques particuliers des Etats étrangers deviennent les mobiles déterminants de l'action des Commissaires, il devient alors nécessaire de distinguer s'il s'agit du changement ou du maintien de l'état de choses existant. Car, dans les affaires politiques internationales, aucun changement de l'état de choses existant ne peut avoir lieu qu'en vertu d'une décision unanime.

Ainsi donc, dans les affaires qui de l'avis de tous paraissent avoir un caractère politique international, on doit maintenir l'état de choses antérieur tant que l'unanimité n'est pas obtenue pour son changement. Mais il est à remarquer que, dans les affaires de la Caisse, la même question peut être envisagée par les uns comme politique, par les autres comme purement administrative.

Si les Commissaires composant la majorité prennent une décision dictée par la destination administrative de la Caisse, commune et identique pour tous, le changement de l'état de choses existant sera basé sur des raisons de pure administration et non de politique: et il ne pourra être entravé par le seul fait que la minorité des Commissaires, pour des raisons politiques, réclame le maintien de l'état de choses ancien et s'oppose à la décision de la majorité.

Si au contraire c'est la majorité des Commissaires qui veut, pour des raisons politiques particulières. maintenir l'état de choses existant et refuse de prendre une décision tandis que la minorité, guidée par la destination administrative commune de la Caisse, décide de réaliser un changement, la minorité ne pourra pas néanmoins se prévaloir du but purement administratif qui la fait agir pour déclarer sa décision obligatoire et réclamer l'exécution du changement voté par elle.

Il en résulte ce qui suit:

1. — Si une simple majorité, guidée par la destination administrative de la Caisse, commune et identique pour tous, prend une décision concernant une affaire caractérisée dans l'administration comme étant d'une catégorie courante, cette décision sera valable, même si la minorité la repousse pour des motifs politiques.

2. — Si une simple majorité, guidée par des motifs politiques, repousse une décision de la minorité, il ne peut être passé outre par celle-ci, même si elle s'est inspirée en la prenant de la destination administrative de la Caisse, commune et identique pour tous.

3. — Si une simple majorité prend une décision en vue d'intérêts politiques particuliers, il ne pourra être donné aucune suite à cette décision, qu'elle soit repoussée par la minorité en raison de motifs politiques ou en raison de la destination administrative de la Caisse, commune et identique pour tous. Il est à noter, dans cette dernière hypothèse, que la modification de l'état de choses existant est poursuivie par des motifs politiques et ne pourrait être par conséquent réalisée qu'à la condition de réunir l'unanimité.

Ainsi que nous l'avons exposé ci-dessus, la question préalable de savoir si un Commissaire se laisse ou non influencer par les intérêts politiques particuliers de son pays d'origine ne peut être résolue que s'il en convient lui-même spontanément: elle ne peut être tranchée arbitrairement par une décision de la majorité de la Caisse. Nous avons également indiqué plus haut quelles voies de recours légales sont à la disposition des Gouvernements et des créanciers lésés, quand un Commissaire vote, d'une façon incompatible avec ses fonctions, en vue des intérêts politiques particuliers de son pays d'origine.

Même en admettant que les Commissaires puissent voter d'après ces intérêts politiques particuliers, les moyens juridiques nécessaires devront être à la disposition des Gouvernements ou des créanciers lésés; car la lésion peut résulter de ce que le mode de votation particulier à ce cas (à savoir celui de l'unanimité) n'a pas été observé dans la prise d'une décision fondée sur des motifs politiques.

Les Tribunaux qui ont à statuer sur les actions motivées par ces lésions devront également statuer sur la question préjudicielle de savoir si le mode de votation exigé en pareil cas a été ou non observé et à cet effet sur cette autre question préjudicielle de savoir si le vote a été dicté ou non par des motifs politiques.

CPSIA information can be obtained
at www.ICGtesting.com
Printed in the USA
BVHW010220020720
582803BV00006B/287